상어 관찰 백과

홍살귀상어

상어 관찰 백과

SHARKS FOR KIDS
밤새워 읽어도 모자란
신기한 바닷속 상어 이야기

데이비드 맥과이어 지음 | 이은경 옮김

바이킹

Sharks for Kids by David McGuire
Copyright © 2020 by Rockridge Press, Emeryville, California
Illustrations © 2020 Kate Francis
First published in English by Rockridge Press, an imprint of Callisto Media, Inc.

Korean Translation Copyright © 2023 BONUS Publishing Co.
Korean edition is published by arrangement with Callisto Media, Inc.
through Corea Literary Agency(CLA), Seoul

이 책의 한국어판 저작권은 Corea 에이전시를 통한 Callisto Media, Inc.와의 독점 계약으로 보누스출판사에 있습니다.
저작권법에 의하여 보호를 받는 저작물이므로 무단전재와 무단복제를 금합니다.

차례

반가워요, 어린이 과학자 여러분! 7

1장 놀라운 상어들 9

상어는 무엇인가요? 10
고대 상어들 11
상어 알아보기 12
턱에서 꼬리까지 16
상어의 감각 20
상어의 번식 24
상어의 일생 25
상어의 소통 28
상어의 사냥 30
세계 상어들 32
상어 보호 35

2장 상어들을 더 가까이 39

전자리상어목: 전자리상어 40
지중해전자리상어 41
호주전자리상어 42
태평양전자리상어 43

톱상어목: 톱상어 44
여섯아가미톱상어 46
아프리카난쟁이톱상어 46
톱상어 47
바하마톱상어 47

돔발상어목: 돔발상어 48
그린란드상어 49
걸퍼상어 50
벨벳벨리랜턴상어 51
곱상어 52

흉상어목: 흉상어 53
청새리상어 54
홍살귀상어 55
레오파드상어 56
파자마상어 57

악상어목: 악상어 58
    마귀상어 59
    넓은주둥이상어 60
    악상어 61
    흰배환도상어 62
    백상아리 63

신락상어목: 신락상어목 상어와 주름상어 64
    칠성상어 65
    뭉툭코여섯줄아가미상어 66
    꼬리기름상어 67
    큰눈여섯줄아가미상어 68

수염상어목: 카펫상어 69
    고래상어 70
    에퍼렛상어 71
    워베공상어 72
    대서양수염상어 73
    제브라상어 74

괭이상어목: 괭이상어 75
    포트잭슨상어 76
    뿔괭이상어 77
    삿징이상어 78
    갈라파고스괭이상어 79
    괭이상어 80

더 알아보기 84   용어 풀이 86   찾아보기 88

흑기흉상어

반가워요,
어린이 과학자 여러분!

여러분은 상어라는 단어를 들으면 무엇이 떠오르나요? 아마도 많은 사람이 상어는 무시무시하고 위험한 동물이라고 생각할 거예요. 왜냐하면 많은 영화에서 상어는 바다에서 수영하는 사람들을 무섭게 공격하니까요. 날카로운 이빨을 내민 상어가 여러분에게 다가온다면 상상만 해도 섬뜩할 거예요. 하지만 저는 상어를 떠올리면, 수백 가지 다양한 모습으로 바다 곳곳에 살고 있는 놀라운 상어들이 떠올라요. 저는 거대한 고래상어와 함께 잠수해 본 적도 있고, 작은 돔발상어와 함께 수영해 본 적도 있거든요. 상어와 같이 잠수를 하다니 정말 놀랍죠? 저는 수영하고 파도 타는 것을 좋아하는 해양 생물학자예요. 상어를 보호하고 상어에 대해 연구하며 항상 상어와 함께 지낸답니다. 저는 여러분이 이 책을 읽고 나서 상어의 신기하고 놀라운 모습을 기억해 주길 바라요. 상어의 이런저런 모습을 보고 나면 상어는 정말 멋있는 생물이라고 생각하게 될 거예요.

  자, 그럼 탐험을 시작합시다!

데이비드 맥과이어

암초상어

1장
놀라운 상어들

상어들의 아늑한 집인 바닷속으로 모험을 떠나 볼까요? 바다에는 정말 다양한 크기의 상어가 살고 있어요. 고래만큼 크거나 여러분의 손에 잡힐 만큼 작기도 해요. 강남상어, 마귀상어, 두툽상어와 같이 재미있는 이름을 가진 상어들도 있죠. 꼬리가 긴 상어도 있고 코가 톱처럼 생긴 상어도 있어요. 천사의 날개처럼 생긴 아름다운 지느러미를 가진 상어도 있답니다! 현재 살아 있는 상어는 수백 종이 넘어요. 게다가 과학자들은 매년 새로운 종을 발견한답니다.

상어는 무엇인가요?

상어는 매우 특별한 물고기예요. 대부분의 물고기는 뼈가 있지만, 상어는 그렇지 않거든요. 상어의 뼈는 고무 같은 연골로 이루어져 있어요. 그래서 **연골어류**라고 불리죠. 인간도 연골이 있어요. 연골은 인간의 귀와 코를 형성하고 관절이 부드럽게 움직이도록 도와줘요.

뼈가 말랑말랑한 상어는 다른 물고기들보다 더 가볍고 유연하게 수영할 수 있어요. 또한 큰 근육과 지느러미 덕분에 바닷속에서 재빠르게 이동하죠. 상어의 평균 몸길이는 90센티미터 미만이지만, 고래상어는 상어 중에서도 몸집이 거대한 편에 속해요. 상어는 미세 생물부터 죽은 고래까지 무엇이든 다 먹어요. 그리고 다른 물고기와 마찬가지로 아가미를 통해 숨을 쉬죠. 상어는 종마다 모양과 크기가 매우 다양하고 먹이를 먹는 방식도 달라요. 모든 상어는 세계의 바다를 건강하게 유지하는 데 중요한 역할을 한답니다!

몸길이가 약 18미터까지 자라는 거대한 고래상어부터 사람 손보다 작은 난쟁이랜턴상어까지, 상어들의 크기는 정말 다양해요.

난쟁이랜턴상어

쿠키커터상어(검목상어)

곱상어

모래뱀상어

백상아리

고래상어

고대 상어들

상어는 수억 년 넘게 살아남았어요. 상어의 몸은 세계의 모든 바다에서 살 수 있도록 진화했죠. 상어는 차갑고 깊은 바다에서부터 따뜻하고 얕은 바다에 이르기까지 어디에서나 발견돼요.

상어의 연골 골격은 시간이 지나면서 분해되거나 작은 조각으로 부서져요. 그래서 상어의 뼈는 화석으로 잘 남지 않아요. 하지만 고대 상어들은 굳어진 이빨과 비늘 등 몇 가지를 화석으로 남겼어요. 고생물학자들은 화석을 연구하면서 고대 상어의 생물학적 정보를 밝혀내요. 그리고 현대 상어의 진화에 관한 정보를 얻는답니다.

캐나다에서는 참치와 같은 뼈를 가진 물고기 화석이 발견되었어요. 고생물학자들은 이 화석의 주인이 상어와 물고기의 조상일 거라 추측했죠. 그것은 돌리오두스 프로블레마티쿠스(*Doliodus problematicus*)라고 불리는 가시상어의 일종인 극어류(棘魚類)였어요. 고생물학자들은 상어가 4억 년 전부터 바다를 지배해 왔다고 추측해요. 상상할 수 있나요? 4억 년 전이라면 지구에 나무가 생기기 훨씬 이전이에요!

고생물학자들은 미국 켄터키주에서 이빨이 붙어 있는 상어 턱뼈 화석을 발견했어요. 그리고 거의 완벽한 상태로 보존된 상어 화석도 발견했죠. 이 화석은 3억 7천만 년 전, 고생대 데본기에 서식했던 클라도셀라케(Cla-doselache)였어요. 클라도셀라케의 몸길이는 최대 2미터였으며 포크처럼 생긴 이빨을 가지고 있었어요!

고생대 석탄기인 약 3억 5천 9백만 년~2억 9천 9백만 년 전에 상어의 수가 늘어났어요. 학자들은 이 시기를 '상어의 황금 시대'라고 불러요. 이 시기의 상어 화석은 약간 특이해요. 헬리코프리온(Helicoprion)은 둥근 톱처럼 생긴 이빨이 있고, 스테타칸투스(Stethacan-thus)는 등에 망치 모양 지느러미가 있어요.

하지만 약 2억 5천만 년 전, 지구의 기후가 바뀌면서 상어를 비롯한 지구 생명체의 95퍼센트가 멸종했어요. 지구 역사상 가장 큰 멸종이었죠. 대멸종 이후 새롭게 나타난 생명체들은 주어진 환경에 맞춰 진화했어요. 오늘날 우리가 알고 있는 상어들은 약 1억 년 전에 나타난 거예요.

많은 고대 상어 중에서도 아마 메갈로돈이 제일 유명할 거예요. 메갈로돈은 지구 역사상 가장 거대한 상어였기 때문이죠. 메갈로돈의 몸길이는 약 15~20미터였으며, 몸무게는 100톤 이상이었다고 해요. 버스보다 훨씬 더 길고, 코끼리 16마리를 합친 무게보다 더 무거운 거예요! 고생물학자들은 메갈로돈의 화석에서 턱과 치아를 발견했어요. 연구를

상어 알아보기

난쟁이랜턴상어

여러분은 백상아리라고 불리는 커다란 상어에 대해 알고 있을 거예요. 어떤 사람들은 이 상어를 화이트 포인터라고 부르기도 해요. 그럼 지금부터 분류법을 이용해서 상어의 진짜 이름을 알아볼까요?

분류법은 지구상에 있는 모든 생물의 이름을 붙여 주는 방법이에요. 상어를 비롯한 모든 동물은 동물계에 속해요. 동물계는 서로 닮았거나 비슷하게 행동하는 생물의 집단으로 나누어져요. 모든 생물은 분류법의 여덟 단계를 이용해 설명할 수 있어요. 역, 계, 문, 강, 목, 과, 속 그리고 마지막으로 종이에요.

생물학자들은 생물을 속과 종 이름으로 불러요. 그래서 백상아리는 카르차로돈 카르차리아스(*Carcharodon carcharias*)라고 불려요. 이 책에서는 상어의 이름을 속명 중 하나로 표기하고 괄호 안에 학명을 넣었어요. 오른쪽을 보면, 각각의 목에 속한 상어가 나와 있어요. 이 상어들에 대해 자세히 알아봐요!

통해 그들이 약 260만 년 전에 멸종되었다는 사실을 알아냈죠. 메갈로돈 같은 고대 상어가 아직도 깊은 바다 아래 숨어 있을 가능성은 희박하지만, 고생물학자들은 여전히 희망을 품고 있답니다!

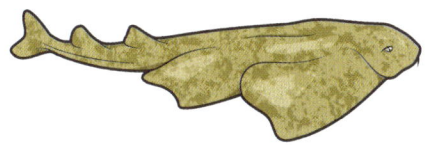
전자리상어목(Squatiniformes)
지중해전자리상어

톱상어목(Pristiophoriformes)
톱상어

돔발상어목(Squaliformes)
곱상어

흉상어목(Carcharhiniformes)
청새리상어

악상어목(Lamniformes)
넓은주둥이상어

신락상어목(Hexanchiformes)
칠성상어

수염상어목(Orectolobiformes)
얼룩상어

괭이상어목(Heterodontiformes)
뿔괭이상어

나만의 바다를 만들어 봐요

여러분은 해가 쨍쨍한 여름에 길을 걷다 땅에서 올라오는 뜨거운 열기를 느껴 본 적이 있나요? 태양 빛은 땅을 따뜻하게 할 뿐만 아니라 바닷물도 따뜻하게 데워요. 그러나 바다는 매우 깊어서 태양 빛이 바다 밑바닥까지 닿을 수 없어요. 바다는 다섯 개의 층으로 나누어져요. 바다 깊이 내려갈수록 태양 빛이 닿지 않아 물은 점점 더 차가워지고 어두워지죠. 자, 이제 여러분만의 바다를 만들고 자세히 관찰해 볼까요?

활동에 필요한 것
종이컵
큰 유리병
물엿
검은색 식용 색소
파란색 식용 색소
주방용 세제
식물성 기름(식용유)
소독용 알코올
물

관찰 체험

1. 바다의 가장 깊은 구역인 해저층을 만들어 볼까요? 종이컵에 물엿을 4분의 3 정도 넣어요. 위에 검은색 식용 색소를 뿌려 섞으세요. 그런 다음 큰 유리병에 부으세요.

2. 다음은 심연층을 만들 차례예요. 해저층과 마찬가지로 빛이나 산소가 없지만, 불가사리와 오징어 같은 몇몇 생물들이 살고 있는 곳이에요.

   종이컵에 주방용 세제를 4분의 3 정도 담은 뒤 큰 유리병에 천천히 부어요.

3. 심야층은 어둡지만 많은 생물이 사는 곳이에요. 심야층을 만들기 위해 종이컵에 물을 4분의 3 정도 부어요. 검은색 식용 색소와 파란색 식용 색소를 넣어 진한 파란색 물을 만드세요. 그리고 큰 유리병에 부으세요.

4. 이제 약광층을 만들어 볼게요. 이곳은 최소한의 빛만 닿는 곳이에요. 여기에 사는 몇몇 물고기는 스스로 빛을 낼 수 있어요!

   종이컵에 식물성 기름을 4분의 3 정도 넣고 큰 유리병에 천천히 부어요.

5. 햇빛이 닿는 바다의 표면을 일조층이라고 해요. 이곳은 산호초를 비롯한 해양 식물이 발견되는 곳이죠.

   종이컵에 소독용 알코올을 4분의 3 정도 담고, 파란색 식용 색소를 한 두 방울만 넣어 연한 파란색 물을 만드세요. 그리고 큰 유리병에 부으세요.

이제 큰 유리병을 들여다보세요! 여러분만의 바다가 만들어졌어요!

놀라운 상어들

턱에서 꼬리까지

상어는 어떻게 바다의 최강 포식자가 되었을까요? 수영도 잘하고 사냥도 완벽하게 해내는 상어는 어떤 특징을 가지고 있을까요? 자, 이제 상어의 모든 것을 탐구해 봐요.

골격

연골로 이루어진 상어의 골격은 가볍고 유연해서 잘 휘는 특징이 있어요. 그래서 상어는 많은 힘을 들이지 않고도 빠르게 헤엄칠 수 있죠.

상어의 척추는 매우 유연해요. 다른 동물의 척추보다도 더 작고 많은 뼈로 이루어져 있죠. 흰긴수염고래의 척추 뼈는 64개, 백상아리의 척추 뼈는 133개예요. 이렇게 많은 척추 뼈 덕분에 상어는 부드럽고 빠르게 헤엄칠 수 있답니다!

턱

상어의 턱은 두개골에 붙어 있지 않아요. 그래서 상어는 입을 정말 크게 벌릴 수 있어요. 상어의 가장 큰 무기는 날카로운 **이빨**이에요. 상어의 이빨은 빠져도 빠져도 계속해서 새로 재생돼요. 상어는 평균적으로 300개의 이빨을 가지고 있는데, 특이하게 이빨이 안쪽으로 7~8열로 줄지어 나 있어요. 바깥 이빨이 빠지면 안에서 새 이빨이 나오는 구조

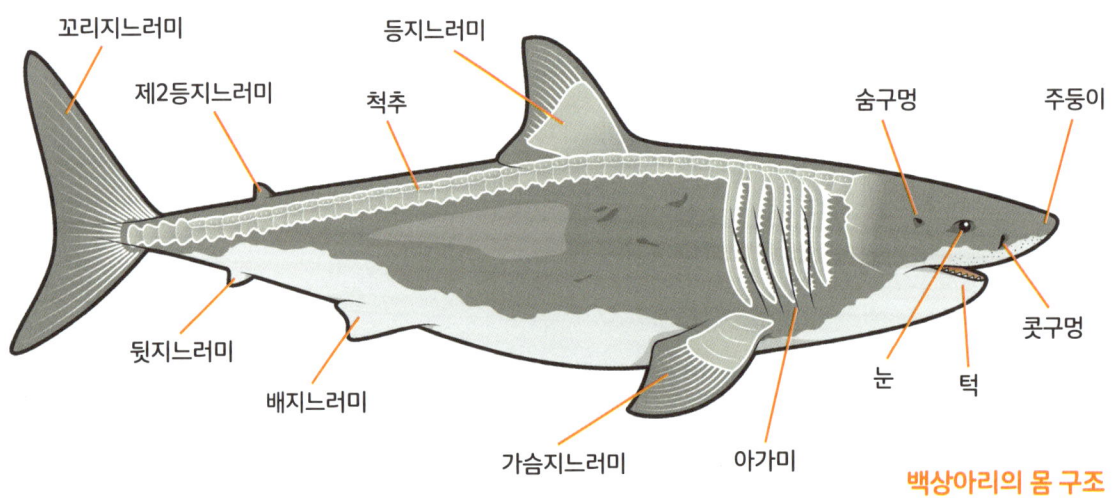

백상아리의 몸 구조

로 평생 수천 개의 이빨을 사용해요. 수명이 긴 상어는 평생 3만 개에 가까운 이빨을 갈아 치운다고 해요!

주둥이

상어의 주둥이는 둥글고 뾰족하거나 납작해요. 상어 주둥이를 자세히 보면, 여러분은 작고 검은 점들을 볼 수 있을 거예요. 이 점들은 **로렌치니 기관**이라고 불리는 작은 구멍 또는 모공이에요. 상어는 이 기관을 통해 아주 적은 양의 전기도 감지할 수 있어요.

눈

깊은 바다에 사는 상어의 시력은 꽤 발달했어요. 하지만 인간의 시력만큼 좋지는 않아요. 상어는 어둠과 대비된 빛을 매우 잘 보고 눈을 잘 깜박이지 않아요. 상어의 눈꺼풀은 싸우거나 먹이를 먹는 동안에도 눈을 보호해요. 상어는 **순막**이라는 특별한 종류의 눈꺼풀을 가지고 있어요. 순막은 투명하기 때문에 눈을 감아도 앞을 볼 수 있어요. 백상아리를 비롯한 일부 상어들은 순막을 가지고 있지 않아요. 그래서 먹이를 먹을 때 눈을 뒤쪽으로 돌려서 보호해요.

숨구멍과 아가미

상어는 **아가미**를 사용하여 물에서 필요한 산소를 얻어요. 상어가 헤엄칠 때 아가미를 지나 물살이 흐르면, 아가미의 작은 혈관들이 물로부터 산소를 흡수해요. 대부분의 상어가 머리 양쪽에 5개의 아가미를 가지고 있지만 6~7개의 아가미를 가진 상어도 있어요. 또한 일부 상어들은 **숨구멍**을 가지고 있어요. 숨구멍은 상어의 눈 뒤에 있는 작은 구멍이에요. 아가미를 지나치는 물을 퍼 올리고, 상어가 쉬는 동안에도 숨을 쉴 수 있도록 해 줘요.

콧구멍

여러분은 상어에게 콧구멍이 있다는 사실을 알고 있었나요? 상어도 우리처럼 콧구멍을 가지고 있어요! 다만 호흡하기 위해 사용하는 것이 아니라 주로 냄새를 맡는 데 사용해요. 상어는 **비공**이라 불리는 두 쌍의 콧구멍을 가지고 있어요. 물이 한 쌍의 콧구멍으로 들어오면 다른 한 쌍의 콧구멍으로 빠져나가죠. 어떤 상어는 코 주위에 덥수룩한 수염이 나 있기도 해요. 생물학자들은 상어가 이 수염을 더듬이처럼 사용해 먹이를 찾는다고 추측해요.

지느러미

상어의 지느러미는 연골로 만들어졌어요. 상어의 등지느러미는 상어가 헤엄치는 동안 몸이 물살에 휩쓸리지 않도록 해 줘요. 상어는 두 개의 등지느러미를 가지고 있어요. 돔발상어와 같은 일부 상어는 등지느러미 앞에 가시가 나 있어요. 이 가시는 포식자에게 대항해 몸을 보호하는 무기예요.

상어의 가슴지느러미는 상어가 물속에서 위아래로 움직이도록 하고, 방향을 잘 잡도록 도와줘요. 어떤 상어는 가슴지느러미와 같은 기능을 하는 뒷지느러미를 가지고 있기도 해요. 상어의 꼬리지느러미는 물속에서 상어를 앞으로 밀어내는 역할을 해요. 상어의 모든 지느러미는 종에 따라 모양과 크기가 다양하답니다.

피부

물고기의 피부는 비늘로 덮여 있어요. 하지만 상어의 피부는 달라요. 상어의 피부는 **피치**(dermal denticles)로 덮여 있어요. dermal은 '피부'를 의미하고 denticle은 '작은 이빨'을 의미해요. 이것은 매우 단단하고 뾰족하게 겹쳐진 비늘이에요. 피치는 상어가 헤엄칠 때 물의 저항을 줄여 줘요. 그래서 상어는 적은 에너지를 소모하면서 헤엄칠 수 있죠. 또한 해로운 기생충이 상어의 피부에 달라붙지 못하게 하는 성질도 있답니다. 상어는 마치 갑옷을 입고 있다고 할 수 있어요!

근육

물속에서 빠르게 움직이기 위해서는 근육의 힘이 중요해요. 빠르게 헤엄치는 상어에게는 두 가지 종류의 근육이 있어요. 적색근과 백색근이죠. 적색근은 상어가 느긋한 속도로 천천히 헤엄칠 때 사용돼요. 반면, 백색근은 폭발하듯 빠른 속도로 헤엄칠 때 사용된답니다.

더 깊이 알아보기

상어의 꼬리를 살펴보면, 윗부분은 넓고 아래로 내려갈수록 더 좁아지는 것을 알 수 있어요. 윗부분을 **상엽**, 아래 부분을 **하엽**이라고 해요. 특히 환도상어는 몸 전체 길이의 절반을 넘는 긴 꼬리를 가지고 있어요. 환도상어의 꼬리는 멋있기도 하지만, 강력한 사냥 수단이기도 해요. 환도상어는 사냥할 때 물고기 떼 사이를 뚫고 헤엄쳐요. 그리고 꼬리를 채찍처럼 휘둘러 근처에 있는 물고기들을 타격하죠. 환도상어는 그 주변을 빙빙 돌면서 기절하거나 죽은 물고기들을 섭취해요!

환도상어

상어의 감각

우리는 주변에 있는 사물을 탐구하고 이해하기 위해 여러 감각들을 사용해요. 만약 숲에서 곰의 발자국을 보거나 으르렁거리는 소리를 듣는다면, 머릿속에서 위험할 수 있으니 빨리 그곳을 벗어나야 한다는 경고등이 울리죠. 인간은 후각, 촉각, 미각, 시각, 청각의 다섯 가지 감각을 가지고 있어요. 상어는 인간과 같은 오감을 가지고 있지만, 인간이 갖지 못한 감각을 하나 더 가지고 있어요. 바로 **전류 감지 능력**이에요. 자, 이제 상어의 특별한 감각에 대해 살펴볼까요?

깊은 바닷속에서 사는 상어의 눈

상어는 얼마나 잘 볼까요? 상어는 발달된 시력을 가지고 있지만, 여러분처럼 색깔을 볼 수는 없어요. 그리고 모든 상어가 똑같은 방식으로 사물을 보는 것은 아니에요. 상어가 얼마나 잘 보는지, 무엇을 보는지는 상어의 서식지와 사냥법에 따라 달라요. 깊은 물에 사는 일부 상어들은 적은 양의 빛에도 매우 민감한 눈을 가지고 있어요. 마귀상어를 비롯한 심해 상어들은 눈이 작고 시력이 매우 나빠요.

청상아리는 커다란 눈을 가지고 있고 시력도 뛰어나요. 참치나 돛새치처럼 빠르게 헤엄치는 먹이를 추적할 수 있을 정도죠. 귀상어는 망치 모양의 머리 양쪽 끝에 눈이 붙어 있어요. 특이한 머리 모양 덕분에 무려 360도에 이르는 시야를 가졌어요!

> **알고 있나요?**
>
> 포트잭슨상어는 눈 아래에 검은 줄무늬가 있어요. 생물학자들은 이 무늬가 축구 선수가 눈 아래에 바르는 기름과 같은 기능을 한다고 추측해요. 빛으로 인한 눈부심을 줄이는 데 도움을 주죠!

상어의 코

후각은 상어에게 가장 중요한 감각 중 하나예요. 사실 상어 뇌의 약 3분의 2는 무슨 냄새를 맡고 있는지 알아내는 데 사용돼요. 상어는 아주 적은 양의 화학 물질 냄새도 맡을 수 있어요. 특히 레몬상어의 후각은 매우 예민해요. 커다란 수영장에 떨어진 한 방울의 피 냄새조차 감지할 수 있을 정도죠.

상어는 냄새가 어디에서부터 왔는지도 알 수 있어요. 만약 향이 왼쪽에서 더 강하게 풍긴다면, 왼쪽 뇌에서 감지해요. 상어가 S자 모양으로 헤엄친다면, 뇌는 냄새의 '흐름'을 추적하는 중일지도 몰라요. 상어는 앞뒤로 움직이면서 향이 가장 강하게 풍기는 곳에 집중해요.

상어의 듣기 능력

상어는 바다사자나 인간처럼 겉으로 보이는 귀가 없어요. 만약 상어에게 귀가 있다면, 귀는 물속에서 펄럭이면서 상어의 수영 속도를 느리게 만들었을 거예요! 상어의 고막 기관은 눈 바로 뒤에 있는 두 개의 구멍이에요. 상어는 고막 기관을 통해 몸의 균형을 잡고 다양한 소리를 들을 수 있어요. 상어는 매우 낮은 음의 소리도 잘 들을 수 있어요.

물속에서 상처를 입은 동물이 비틀거리며 낮은 음의 소리를 낼 때, 상어에게는 이 소리가 식사를 알리는 종소리처럼 들릴 거예요! 소리는 공기 중에서보다 물속에서 4배 더 빨리 이동하기 때문에 상어는 더 빨리 들을 수 있죠. 또한 멀리 떨어진 곳에서 내는 소리도 잘 들어요.

상어처럼 느껴 봐요

상어는 주변에 있는 물체를 감지하는 또 다른 감각 기관인 **측선**을 가지고 있어요. 측선은 아가미부터 꼬리 끝까지 한 줄로 늘어서 있는 줄이에요. 시각이나 청각으로 감지할 수 없는 미세한 떨림이나 수압의 변화를 느낄 수 있게 하는 기관이죠. 덕분에 상어는 완전히 어두운 심해에서도 먹이의 움직임을 간파해서 사냥해요!

상어는 손이 없기 때문에 입을 사용해서 물체의 정보를 확인해요. 뱀상어는 궁금한 물체가 앞에 있으면 바로 입으로 물어뜯어요. 심지어 차량 번호판이나 유리병, 타이어 같은 물건도 삼켜 버려요! 전자리상어와 괭이상어 같은 일부 상어들은 주둥이 앞쪽에 '바벨'이라 불리는 작은 수염을 가지고 있어요. 이 수염으로 먹잇감의 움직임을 감지해요.

> **알고 있나요?**
> 상어는 몸이 뒤집히면 몇 분 동안 마비가 돼요. 이것을 **긴장성 부동**이라고 해요.

상어의 미각

상어의 이빨 근처에는 미각을 감지하는 돌기들이 있어요. 이러한 돌기들은 먹잇감이 먹을 수 있는 음식인지 아닌지를 구별해요. 식성이 까다로운 백상아리가 가장 좋아하는 음식은 지방이 풍부한 코끼리물범이에요. 지방은 수영을 많이 하는 상어들에게 꼭 필요한 에너지예요.

때때로 상어는 사람이나 해달을 물어뜯는 실수를 해요. 자신이 평상시에 먹는 바다표범이랑 착각했기 때문이죠! 대부분의 상어는 무턱대고 사람을 공격하지 않아요. 물어도 거의 해를 입히지 않고 그대로 뱉어요. 해달의 경우 이런 일이 일어나면 죽는 경우가 많지만, 상어는 해달을 잡아먹지 않아요. 해달은 지방이 많지 않아서 좋은 먹이가 아니거든요. 상어는 영양가가 더 풍부한 먹잇감을 찾아 움직여요.

초감각

이제 오직 상어만이 가진 특별한 감각에 대해 이야기해 볼게요. 바로 전류 감지 능력이에요. 여러분은 상어의 주둥이에 수백 개의 로렌치니 기관이 있다는 것을 배웠어요. 로렌치니 기관은 피부에 뚫린 수백 개의 구멍이 난 부분이에요. 이곳은 전기 신호를 받아들이는 신경과 연결되어 있어 아주 작은 전기 신호도 감지할 수 있어요. 전기 신호를 감지하면 신경을 통해 뇌에 메시지가 전달돼요.

사실 생물들은 서로 미세한 전기 신호를 보내요. 생물의 심장이 뛰면 작은 전기 맥박이 만들어져요. 상어는 근처에 있는 다른 생물의 심장 박동을 감지할 수 있어요. 귀상어의 경우 다른 상어에 비해 크고 넓적한 머리를 가졌어요. 그래서 로렌치니 기관이 더 많이 분포하죠. 귀상어는 상어 중에서도 전류 감지 능력이 뛰어나며, 전류를 더 정밀하고 미세하게 감지할 수 있어요. 귀상어는 마치 동전을 찾는 금속 탐지기처럼 심해의 모래 바닥 위에서 머리를 앞뒤로 움직여요. 모래

속에 숨은 노랑가오리나 도다리 등을 찾는 거예요. 이 특별한 감각으로 상어는 햇빛이 없는 깊은 바다에서도 먹이를 찾을 수 있답니다.

> **알고 있나요?**
> 생물학자들은 심해에서 강남상어들이 통신 케이블을 씹고 있는 것을 발견했어요. 아마도 상어들은 전류가 흐르는 자기장에 이끌렸을 거예요.

이 그림은 상어의 감각이 얼마나 멀리 도달할 수 있는지를 보여 줘요. 상어는 100만분의 1로 희석한 피 냄새도 감지할 수 있어요.

청각 1.6km 이상
후각 약 402m
시각 약 457m
전류 감지 감각 90cm

상어의 번식

상어는 알을 낳을까요? 아니면 새끼를 낳을까요? 정답은 둘 다예요! 상어는 **태생**, **난생**, 심지어 **난태생**까지 세 가지 다른 방식으로 번식해요. 대부분의 상어는 난태생 어종으로 어미 상어의 몸속에서 수정란이 부화해요. 알은 배아라고 불리는 단단한 외피로 싸여 있어요. 태아는 알의 난황을 먹으며 영양분을 공급받아요. 그리고 어느 정도 자란 상태가 되면 몸 밖으로 나와요. 이때 가장 먼저 부화한 새끼 상어는 다른 알들을 먹어 치워요. 이것은 가장 강한 새끼만이 살아남는다는 것을 의미해요.

이렇게 태어난 새끼 상어는 바닷속에서 스스로 살아남아야 해요. 어미 상어는 그들을 돌보지 않거든요.

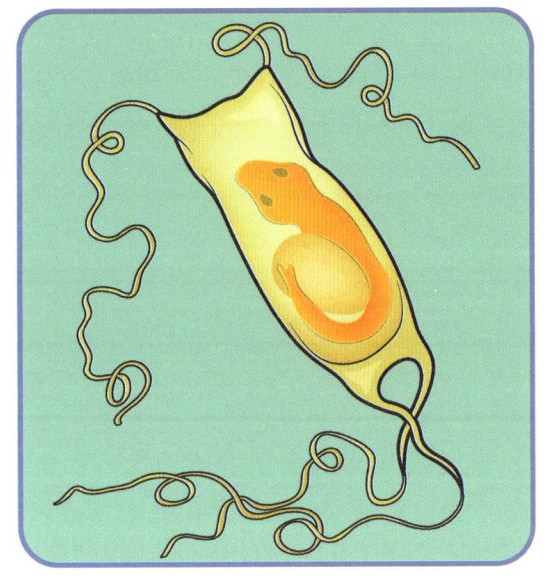

상어 알 껍질

알고 있나요?

새끼 톱상어는 이빨이 접힌 채로 태어나요. 그래서 태어나는 동안 어미 상어를 다치게 하지 않아요. 새끼 상어는 자랄수록 몸과 생김새가 변해요.

또 다른 상어들은 알을 낳는 난생과 뱃속에서 다 자란 새끼를 낳는 태생의 방식으로 번식해요. 청새리상어는 태생을 하는 대표적인 상어예요. 수정란이 어미 상어의 몸에서 어느정도 자라면 혈액을 통해 영양분을 공급받아요. 그리고 완전한 새끼의 모습으로 태어나죠. 종에 따라 다르긴 하지만, 상어의 태아는 보통 어미 상어의 자궁에서 9~12개월 동안 자라요. 일부 곱상어의 태아는 자궁에서 3년 동안 자라기도 해요. 새끼 상어는 세상에 나오자마자 활기 넘치는 상태로 바닷속을 헤엄친답니다!

알고 있나요?
그린란드상어는 성장 속도가 정말 느려요. 150살이 넘어야 짝짓기와 번식을 할 수 있어요!

상어의 일생

새끼 상어가 태어나면 그 다음에는 어떻게 될까요? 새끼 상어는 태어나자마자 부모가 하는 모든 것을 할 수 있어요. 새끼 상어의 첫 번째 목표는 포식자를 피해 먹이를 사냥하는 일이 될 거예요. 상어의 일생은 상어종마다 달라요.

그럼 흑기흉상어의 삶을 따라가 볼까요? 흑기흉상어는 어미 상어의 배 안에서 9~16개월 정도 자라요. 새끼 상어는 약 30~60센티미터 정도의 크기로 태어나요. 그들은 어미 상어의 배 안에서 나와 자유롭게 꿈틀거려요. 그리고 바다 밑바닥으로 빠르게 헤엄쳐 은신처를 찾아요.

새끼 상어는 입안 가득 이빨이 나 있어서 게, 조개, 문어, 작은 물고기 등을 우적우적 씹을 수 있어요. 그리고 다른 상어와 포식자들로부터 몸을 숨기기 위해 얕은 산호초나 석호에 머물러요. 더 자라서 어른 상어가 되면, 더 큰 물고기가 사는 깊은 물로 이동해요. 그곳에서 무리를 지어 가오리와 물고기 떼를 사냥해요. 흑기흉상어는 사교적이라 다른 상어들과 함께 있는 것을 좋아한답니다.

흑기흉상어는 약 1.5~1.8미터 정도까지 자라요. 거의 성인 남성 키만큼 자라죠. 몸무게는 약 125킬로그램 정도 나가며, 성인 여성 평균 몸무게의 약 두 배 정도예요. 수컷 흑기흉상어는 4살 때부터 짝을 찾기 시작해요. 암컷은 7살쯤 되어야 짝짓기를 할 수 있어요. 흑기흉상어의 수명은 10~13년 정도예요.

흑기흉상어는 열대 및 아열대 해역의 산호초에서 살아요.

흑기흉상어

살아 있는 상어를 관찰해 봐요!

이 책에 나오는 상어들을 실제로 보고 싶나요? 수족관 홈페이지를 방문해 봐요. 집에서 살아 있는 상어들을 만날 수 있어요!

몬터레이 베이 수족관의 상어 캠
MontereyBayAquarium.org
박쥐가오리, 칠성상어, 표범무늬상어, 돔발상어가 헤엄쳐 지나가는 것을 관찰해 보세요. 여러분은 얼마나 많은 상어를 구별할 수 있나요? 수족관에 숨어 있는 태평양전자리상어를 찾아보세요!

퍼시픽 수족관의 상어 석호 캠
AquariumofPacific.org
흑기흉상어, 산호상어, 거대한 가오리, 제브라상어까지 볼 수 있어요. 상어들의 다양한 수영 패턴을 보고, 각기 다른 꼬리 모양을 관찰해 봐요. 상어가 꼬리를 이용해 어떻게 앞으로 나아가는지 볼 수 있을 거예요.

레오파드상어

놀라운 상어들

상어의 소통

상어는 다른 상어와 어떻게 대화할까요? 해양 생물은 서로 소리를 내서 의사소통해요. 혹등고래는 노래를 하고, 돌고래는 딸각하는 소리와 끽끽거리는 소리를 내요. 반면에 상어는 먹이를 먹으면서 이빨을 딱딱거리는 것 외에는 조용해요.

그렇다고 해서 상어가 소리 없이 지낸다는 것은 아니에요! 상어는 다른 방법으로 의사소통을 해요. 귀상어 무리는 몸을 부르르 떨면서 서로 의사소통해요. 포식자가 다가오면 무리에 있는 상어들에게 알리기 위해 머리와 몸을 흔들죠. 그리고 뱀처럼 천천히 S자 모양으로 헤엄쳐요. 복상어는 물을 꿀꺽꿀꺽 마시고 평상시보다 두 배 커진 몸집으로 스스로를 방어해요. 최대한 부풀린 몸을 바위 사이에 쑤셔 넣으면, 그 어떤 포식자도 복상어를 잡아먹기 힘들죠! 복상어가 삼킨 물을 뱉을 때는 마치 사자가 울부짖는 것처럼 우렁차요! 산호상어는 주변에 있는 누구든 "물러

> **알고 있나요?**
> 백상아리는 꼬리로 물 위를 내리쳐서 다른 상어들을 위협해요. 이러한 행동은 자신의 먹이에 접근하지 말라는 경고예요.

어떤 상어들은 자신에게 가까이 오지 말라고 경고하기 위해 등을 구부리고 가슴지느러미를 아래로 향하게 해요.

서 있어!"라고 경고하기 위해 몸짓 신호를 취해요. 등을 구부리고 가슴지느러미를 아래로 향하게 하죠. 저는 남태평양에서 산호상어를 마주쳤을 때, 이 몸짓을 보고 황급히 상어 곁을 물러났어요!

모든 상어가 항상 무리 지어 있는 것은 아니에요. 어떤 상어는 번식 기간에만 무리에서 생활하고 나머지 기간은 소규모 무리에 몰래 들어가요. 또 다른 상어는 무리를 지어 먼 곳으로 이주하거나 이동하기도 해요. 마귀상어는 짝짓기를 할 시기가 될 때까지 혼자 생활해요. 생물학자들은 마귀상어가 물에서 페로몬 냄새를 맡으면서 서로의 짝을 찾는다고 추측해요.

> **알고 있나요?**
> 상어(Shark)의 어원은 악당 또는 깡패를 의미하는 독일어 '슈르커(Schurke)'에서 유래했다고 해요.

상어의 사냥

모든 상어가 같은 방식으로 먹이를 사냥하고 먹을까요? 아니에요! 상어는 다양한 방법으로 먹이를 사냥해요. 고래상어는 이빨이 정말 작아요. 그래서 식물과 플랑크톤 같은 작은 생물들을 걸러서 먹기 위해 아가미를 사용해요. 고래상어는 입을 크게 벌린 채로 헤엄쳐요. 이때 물이 입으로 들어와 아가미로 빠져나가면서 내용물이 걸러져요. 그럼 고래상어가 좋아하는 플랑크톤만 남아요!

청상아리는 참치와 같이 빠르게 헤엄치는 물고기를 재빠르게 공격해요. 뱀상어는 공격 전에 먹잇감 주위를 빙빙 돌며 몸을 부딪혀요. 생물학자들은 뱀상어가 먹이의 크기를 재기 위해 이러한 행동을 한다고 추측해요. 마귀상어는 돌기로 뒤덮인 주둥이를 사용해 먹잇감을 감지해요. 주둥이에 분포한 로렌치니 기관이 레이더 역할을 해서 어두운 심해에서도 쉽게 사냥할 수 있어요. 마귀상어의 평상시 입 모양은 일반 상어와 다르지 않지만, 먹잇감을 낚아챌 때는 턱이 튀어나와요! 마귀상어는 무는 힘이 약하고 뒤쪽으로 갈수록 뾰족한 이빨을 가졌어요. 그래서 보통 작은 물고기를 사냥해요.

곱상어는 무리를 지어 물고기 떼를 몰아 한번에 낚아채요. 그린란드상어는 주로 바다표범, 북극곰, 죽은 동물을 먹어요. 2013년, 캐나다 뉴펀들랜드의 해안에서 그린란드상어 한 마리가 발견됐어요. 상어는 물 밖으로 반쯤 나와 고통스러워하고 있었죠. 자세히 보니 상어의 목에는 무스(말코손바닥사슴)의 큰 살점이 걸려 있었다고 해요!

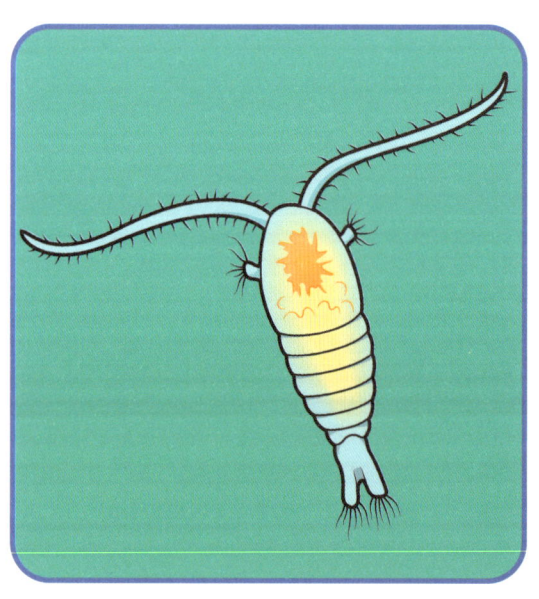

고래상어는 하루에 무려 21킬로그램 양의 플랑크톤을 먹어요.

더 깊이 알아보기

백상아리는 수면에서 헤엄치는 바다표범을 찾는 사냥꾼이에요. 바다표범은 백상아리가 가장 좋아하는 먹잇감이에요. 백상아리는 수면에 올라온 바다표범을 확인한 후, 근처에 숨어 있다가 불쑥 잡아 먹어요. 이것을 **매복 포식**이라고 해요. 백상아리는 보통 쇠약해진 동물을 먹기 전에 주위를 빙빙 돌면서 먹잇감을 물었다가 다시 뱉는 행동을 반복해요. 가끔씩 백상아리가 수영을 하거나 파도를 타는 사람들을 바다표범으로 착각해서 공격하기도 해요. 하지만 백상아리는 자신이 좋아하는 기름진 먹이가 아니라는 사실을 깨닫고 더 이상 공격하지 않아요.

세계 상어들

상어가 사는 곳은 어디일까요? 상어는 전 세계에 살고 있어요! 오대양을 헤엄치고 심지어 호수나 강에도 돌아다니죠! 상어가 사는 곳은 상어가 생존하기 위해 필요한 것이 무엇이냐에 따라 달라져요. 전자리상어는 전 세계의 온대 및 열대 해역에서 발견돼요. 이 상어는 얕은 물과 부드러운 해저면을 좋아해요. 전자리상어는 보통 해저에 머물면서, 큰 입을 사용해 모래 바닥에 있는 물고기와 게를 빨아들여요.

주름상어는 수심 약 1,580미터의 깊은 바다에 살아요. 이 상어는 대서양과 태평양에서 살며, 대부분의 시간을 심해에서 보내요. 생물학자들은 주름상어가 주로 밤에 오징어와 물고기를 사냥하기 위해 심해에서부터 위로 이동한다고 추측해요. 주름상어는 빛에 매우 민감한 눈을 가지고 있어서 심해에서도 사냥을 잘한답니다.

카이트핀상어는 돔발상어의 한 종류예요. 이 상어는 수심 200~600미터에서 흔하게 발견되며, 거의 암흑에 가까운 수심 1,800미터에서도 발견돼요. 카이트핀상어는 물고기, 오징어, 조개, 홍합, 게를 비롯한 거의 모든 것을 먹어요. 고래나 알락돌고래를 사냥할 때는 날카롭게 깎인 이빨을 사용하죠. 이 상어는 전 세계의 열대 해역에 분포하며 청색 빛으로 스스로 빛을 낼 수 있어요.

넓은주둥이상어는 고무 같은 입술과 작은 이빨을 가진 거대한 상어예요. 바닷속에서 플랑크톤을 포함한 미세 생물을 먹고 살아요. 이 상어는 전 세계의 열대 및 온대 해역에 서식해요. 하지만 현재는 희귀종으로 분류되어 발견하기 어려워요. 넓은주둥이상어는 수심 200~1,500미터까지 서식해요. 주름상어와 마찬가지로 넓은주둥이상어도 밤에는 먹이를 찾아 심해에서 위로 올라와요.

알고 있나요?

상어도 맛을 느낄 수 있을까요? 물고기의 몸 곳곳에는 맛을 느끼는 감각 기관인 **미뢰**가 있어요. 상어는 입과 식도에 미뢰가 있죠. 그래서 상어는 깨물어 맛을 보고 맛이 없으면 뱉어 버려요!

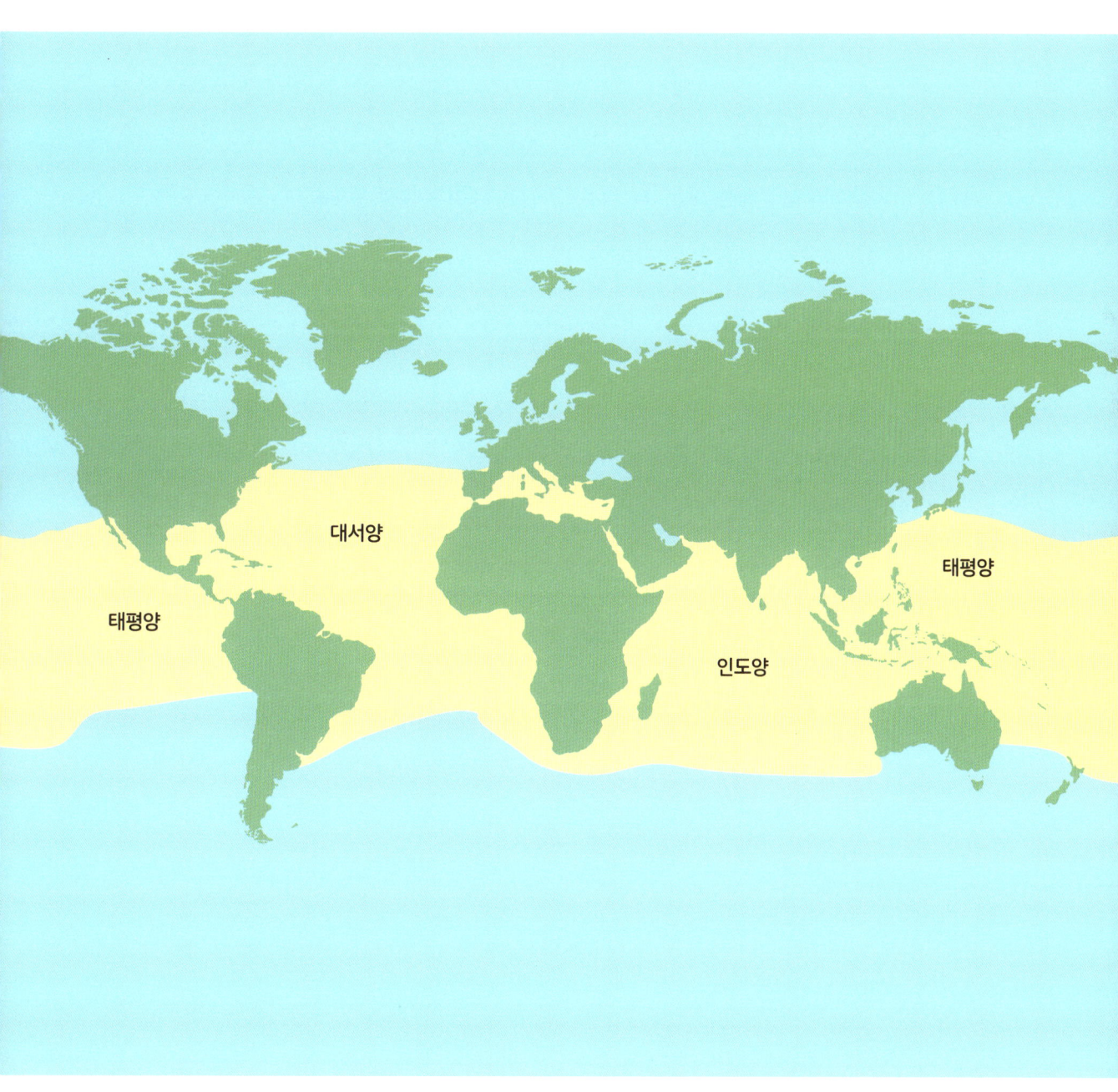

큰지느러미흉상어는 전 세계에서 발견돼요. 이 상어는 위 지도에서 노란색으로 표시된 태평양, 대서양, 인도양의 열대 및 아열대 바다에서 살아요.

상어는 어떻게 물에 가라앉지 않을까요?

고래상어는 지구상에서 가장 큰 물고기예요. 고래상어의 몸길이는 보통 12~18미터이며 몸무게는 15~20톤에 달해요. 이 무게는 코끼리 다섯 마리를 겹겹이 쌓아 올린 것과 같아요!

거대한 몸집을 자랑하는 상어는 어떻게 물에 가라앉지 않는 걸까요? 모든 물고기에게는 **부레**라고 하는 공기 주머니가 있어요. 부레를 통해 물속에서 몸이 뜨거나 가라앉을 수 있는 거예요. 하지만 상어는 부레를 가지고 있지 않아요. 그래서 계속 지느러미를 움직여 헤엄쳐야 해요. 상어는 가벼운 연골로 이루어져 있어 덩치에 비해 무게가 가벼워요. 특히 내장의 대부분을 차지하는 간이 지방으로 가득 채워져 있어 몸이 쉽게 가라앉지 않아요. 다음의 간단한 실험으로 상어가 물속에서 뜨는 원리를 알아봐요.

활동에 필요한 것
같은 크기의 물병 두 개
물
식물성 기름
양동이

1. 두 물병이 충분히 잠길 만큼 양동이에 물을 높이 채우세요.
2. 물병 하나는 물로 채우고 다른 하나는 식물성 기름으로 채우세요.
3. 두 물병을 차례로 양동이에 넣으세요.

어떤 물병이 물에 뜨나요? 물에 동동 뜨는 물병을 마커나 싸인펜으로 꾸며 상어로 만들어 보세요!

상어 보호

우리는 상어가 수억 년 넘게 생존해 왔다는 것을 알아요. 하지만 현재 상어는 전 세계 바다에서 사라지고 있어요. 상어가 멸종 단계에 이르게 된 가장 큰 이유는 인간의 무분별한 포획 때문이에요. 사람들은 상어 고기를 얻기 위해 아주 많은 수의 상어를 포획하고 죽여요. 환경 오염과 해양 서식지의 파괴도 상어의 성장을 어렵게 하는 요인이에요.

생물학자들은 매년 1억 마리 이상의 상어가 죽임을 당하고 있다고 추측해요. 특히 큰지느러미흉상어, 청새리상어, 청상아리는 샥스핀 요리 때문에 멸종 위기에 놓여 있어요. 샥스핀의 주재료는 상어 지느러미예요. 상어 지느러미에는 단백질의 일종인 콜라겐이 가득해 기력 회복과 식욕 증진에 좋은 효과를 준다고 해요. 그래서 샥스핀은 아시아에서 귀하고 인기 있는 요리죠. 하지만 상어 몸무게의 5퍼센트밖에 안 되는 지느러미를 얻기 위해 상어는 아주 잔인한 방법으로 희생돼요. 등과 가슴지느러미가 잘린 뒤 그대로 바다에 버려지죠. 이것을 '샤크 피닝'이라고 해요. 상어는 번식하거나 개체 수를 늘리는 데 오랜 시간이 걸려요. 오늘날 상어는 번식하는 속도보다 더 빨리 죽임을 당하고 있어서 갈수록 수가 줄어들고 있어요. 매년 거의 7백만

상어와 가오리의 36퍼센트가 멸종 위기에 처해 있어요.

마리의 상어들이 어망에 걸려 죽기도 해요.

여러분은 지구가 뜨거워지고 있다는 이야기를 들어 본 적이 있을 거예요. 지구 온난화가 심해지면 바닷물의 온도도 상승해요. 이렇게 되면, 물고기들은 서식하기에 알맞은 환경을 찾아 계속 이동해야 해요. 상어의 경우, 서식지가 줄어들고 식량원이 파괴되죠. 상어는 먹이를 쫓다가 결국 사람들이 있는 해안가로 가게 돼요. 바다의 수질 변화도 큰 문제예요. 수질이 오염되면 새끼 상어는 살아남기 어려워져요. 그리고 상어의 후각에도 영향을 주기 때문에 먹이 사냥이 힘들어지죠. 이뿐만 아니라 상어의 먹잇감이 되는 해양 생물들에게도 큰 영향을 미칠 거예요.

무분별한 포획, 해양 서식지 개발, 지구 온난화, 수질 변화의 문제가 계속되면서 해양 생태계가 위협받고 있어요. 하지만 희망은 있어요. 많은 국가에서 상어 지느러미를 얻기 위해 상어를 죽이는 일이 불법이 되었고, 강력하게 규제하고 있어요. 또한 전 세계가 상어 포획을 줄이기 위해 노력하고 있어요. 여러 시민 단체는 상어를 비롯한 다른 해양 동물과 바다를 보호하기 위해 보호 구역과 조업 금지 구역을 지정해요. 무엇보다도 젊은 사람들이 해양 생태계의 중요성을 알고, 상어를 구하기 위해 노력하고 있어요. 여러분도 동참하고 싶다면 84쪽의 '더 알아보기'를 참고하세요!

고래상어

더 깊이 알아보기

여러분은 바다에서 수영하기 위해 물안경을 쓸 거예요. 만약 물이 맑지 않다면, 물속에서 물체를 보는 것이 정말 어렵겠죠? 인간의 눈은 공기 중에서 잘 볼 수 있어요. 상어의 눈은 물속에서 잘 볼 수 있도록 설계되어 있죠. 상어는 수면으로부터 수백 킬로미터 아래의 어둡고 탁한 물에서도 잘 볼 수 있을까요?

상어의 눈은 빛을 감지하는 망막 뒤에 빛을 반사하는 반사막이 있어요. 그래서 매우 어두운 곳에서도 물체를 잘 볼 수 있죠. 이 반사막을 **휘판**(tapetum lucidum)이라고 해요. 휘판은 빛을 반사한 후, 이미지의 강도를 높여 망막으로 보내는 역할을 해요. 상어에게 불빛을 비추면 어떻게 될까요? 상어의 눈은 빛을 반사해서 녹색으로 빛날 거예요! 어둠 속에서 고양이와 개에게 불빛을 비출 때도 이러한 현상을 볼 수 있어요. 고양이와 개에게도 휘판이 있기 때문이죠! 여러분의 반려동물이 상어와 공통점을 가지고 있으리라고 누가 예상이나 했을까요?

놀라운 상어들

흑단상어

2장
상어들을 더 가까이

전 세계에 분포하는 다양한 상어들을 만날 준비가 되었나요? 앞에서 분류법에 대해 배운 것을 기억해 보세요. 이제 상어를 목으로 분류하여 더 자세히 알아볼 거예요. 상어는 8개의 목으로 나누어져요. 각각의 목에 속한 상어들은 체형, 특징, 습관 등 여러가지 공통점을 가지고 있어요. 자, 그럼 해저 바닥에 살고 있는 전자리상어목부터 살펴봐요.

전자리상어목
전자리상어

전자리상어목은 소규모 상어 집단이에요. 전자리상어목에는 오직 전자리상엇과만 있어요. 전자리상어목은 약 1억 5천만 년 동안 존재해 왔어요. 전자리상어들은 얕은 바다에 서식하는 **저서성 어류**예요. 주로 수심 150미터 아래 모래와 갯벌 바닥에 서식하죠. 어떤 종은 수심 1,250미터에 서식하기도 해요.

전자리상어의 몸은 납작하고 평평해요. 가슴지느러미가 크게 양옆으로 뻗어 있어서 천사의 날개처럼 보이죠. 그리고 두 개의 등지느러미가 있어요. 보통 상어와 다른 점은 꼬리지느러미 위쪽(상엽)보다 아래쪽(하엽)이 더 크고 길다는 거예요. 전자리상어의 입속을 들여다보면, 위와 아래에 뾰족한 삼각형 모양의 이빨이 여러 줄로 나 있는 것을 볼 수 있어요. 아래쪽에는 이가 없는 틈이 있는데, 이 틈은 먹이를 잡을 때 유용해요. 전자리상어는 가오리와 비슷하게 생겼으며 몸길이는 약 1.5~2미터까지 자라요. 전 세계에 분포하는 전자리상어는 몸집, 생김새 등 생태적 특징이 비슷해요. 그리고 대부분의 시간을 진흙이나 모래 속에서 숨어 지내죠. 전자리상어는 야행성이라 주로 밤에 먹이를 사냥해요. 또한 위장에 능한 피부 덕분에 매복 사냥을 매우 잘해요. 전자리상어의 몸은 어두운 회색이거나 녹색 또는 흰색이에요. 그리고 진흙이나 모래와 비슷하게 보이는 반점이 있어요.

전자리상어는 어디에서 발견할 수 있을까요? 전자리상어는 대서양, 태평양, 인도양 및 지중해의 대륙을 따라 흐르는 열대와 온대 해역에 서식해요. 또한 전자리상어는 사람들이 있는 해안가에서도 자주 발견돼요. 그래서 그물이나 낚싯바늘에 걸려 죽는 일이 많아요. 전자리상어는 태생이에요. 태아는 어미 상어의 몸 안에서 자라 새끼로 태어나죠. 전자리상어는 보통 2~25마리의 새끼를 낳아요.

지중해전자리상어
Mediterranean Angel Shark

학명 *Squatina squatina*

지중해전자리상어는 모래 바닥에 납작하게 붙어 있는 걸 좋아해요. 하지만 먹잇감이 가까이 다가오면, 꼬리를 이용해 뛰어올라 재빠르게 먹이를 낚아채요. 지중해전자리상어는 '몽크피쉬(Monkfish)'라고 불리기도 해요. 지느러미 모양이 마치 승려가 쓰는 승모처럼 보이기 때문이에요!

상어 생태 정보

발견 지역
노르웨이에서 북서 아프리카까지 이르는 북동 대서양, 카나리아 제도, 흑해, 지중해

서식지
진흙과 모래가 있는 해저 바닥

몸길이
1.8~2m

먹이
가자미, 홍어, 게, 조개, 문어, 오징어 등

수명
약 25~35년

호주전자리상어
Australian Angel Shark

학명 *Squatina australis*

전자리상어는 목구멍을 통해 아가미 위로 물을 퍼 올리면서 숨을 쉬어요. 하지만 호주전자리상어는 몸 측면에 있는 아가미덮개로 호흡해요. 아가미덮개는 아가미를 보호하고 물이 드나들게 하는 넓적한 뼈예요. 호주전자리상어는 낮에는 주로 모래 속에 숨어서 매복 사냥을 해요. 하지만 밤이 되면 모래 속에서 나와 먹잇감을 찾아 다니는 사냥꾼으로 돌변해요.

상어 생태 정보

발견 지역
호주 남부와 서부, 뉴사우스웨일스, 태즈메이니아, 빅토리아섬

서식지
진흙이나 모래가 있는 해저의 부드러운 바닥

몸길이
최대 1.5m

먹이
작은 물고기, 게, 문어, 오징어 등

수명
20년 이상

태평양전자리상어
Pacific Angel Shark

학명 *Squatina californica*

여러분은 배고픔을 얼마나 오랫동안 참을 수 있나요? 태평양전자리상어는 사냥할 때만큼은 매우 인내심이 강한 모습을 보여 줘요. 특히 사냥하기 좋은 장소를 찾으면 며칠 동안 그곳에 잠복해 있기도 해요. 진흙, 모래와 비슷한 몸 색상을 이용해 모래 속에 숨어 있다가 작은 물고기를 잡아먹어요. 생물학자들은 태평양전자리상어가 먹이를 잡기 위해 다른 어떤 감각보다 시각을 더 많이 사용한다고 추측해요.

상어 생태 정보

발견 지역
알래스카 남동부에서부터 캘리포니아 만, 코스타리카, 칠레 남부까지

서식지
강 하구의 부드러운 바닥과 암초 주변, 수심 약 200m 아래의 모래 바닥 또는 해초 지대

몸길이
최대 1.5m

먹이
작은 물고기, 게, 문어, 오징어 등

수명
약 22~35년

톱상어목
톱상어

여러분은 톱상어목에 속하는 상어를 다른 상어와 쉽게 구별할 수 있을 거예요. 가늘고 긴 톱 모양의 주둥이를 가진 상어를 찾으면 되니까요! 톱상어는 이름처럼 뾰족하고 긴 주둥이에 톱니 모양의 강한 이빨이 나 있어요. 또한 삼각형 모양의 등지느러미 두 개와 길고 날씬한 몸을 가지고 있죠. 바닥에 머무를 때는 큰 가슴지느러미와 작은 꼬리지느러미를 사용해요. 톱상어속에는 10종의 상어들이 있어요.

톱상어의 주둥이에는 전류를 감지하는 로렌치니 기관이 있고, 주둥이 중간에 긴 수염 두 개가 콧수염처럼 매달려 있어요. 톱상어는 이 수염으로 먹잇감을 탐지한다고 해요. 날카로운 이빨로 먹잇감을 꽉 물어 제압하는 다른 상어들과 다르게 톱상어는 톱 같은 주둥이를 휘둘러 먹잇감을 죽여요. 톱상어는 종에 따라 몸 색깔이 달라요. 황갈색, 연한 갈색, 짙은 갈색, 밝은 무늬가 있는 회색 등 다양하죠. 하지만 배는 모두 하얀색이에요. 톱상어는 5쌍의 아가미를 가진 톱상어속과 6쌍의 아가미를 가진 여섯아가미톱상어속으로 분류돼요.

톱상어와 굉장히 닮은 바다 생물이 있어요. 바로 톱가오리예요! 톱가오리는 노랑가오리처럼 해저에 살고 있는 가오리의 한 종류예요. 여러분에게 톱상어와 톱가오리를 쉽게 구별하는 방법을 알려 줄게요. 톱상어의 아가미는 몸통 양옆에 있어요. 반면에 톱가오리의 아가미는 몸통 아래에 있죠. 톱상어는 몸길이가 최대 2미터 정도로 성장하지만 톱가오리는 최대 8미터까지 성장해요!

톱상어는 우리나라 동해와 남해, 일본, 대만 등에서 발견돼요. 그리고 수심 30~900미터 아래의 물속에서 지내죠. 톱상어는 난태생으로 약 1년 동안 알을 품고, 한 번에 7~17마리의 새끼를 낳아요.

알고 있나요?
사람들의 무분별한 포획과 생태계 파괴로 톱상어의 개체 수가 급격히 줄어들었어요. 현재 톱상어는 멸종 위기에 놓여 있어요.

긴코톱상어

여섯아가미톱상어
Sixgill Sawshark

학명 *Pliotrema warreni*

한동안 생물학자들은 톱상어목에는 톱상어속이 유일하다고 생각했어요. 그런데 여섯아가미톱상어가 새롭게 발견된 거예요! 그래서 현재 톱상어는 톱상어속과 여섯아가미톱상어속으로 분류돼요. 다른 톱상어와 다르게 여섯아가미톱상어는 6쌍의 아가미를 가지고 있어요. 이빨의 패턴 또한 흥미로워요. 긴 이빨 한 쌍 사이에 3개의 작은 이빨들이 달려 있답니다.

상어 생태 정보

발견 지역: 서인도양의 해역

서식지: 대륙붕(대륙 주변에 있는 경사가 완만한 해저) 해역을 따라 수심 60~426m 아래

몸길이: 최대 1.6m

먹이: 물고기, 새우, 오징어

수명: 10년 이상

아프리카난쟁이톱상어
African Dwarf Sawshark

학명 *Pristiophorus nancyae*

아프리카난쟁이톱상어는 생물학자들에게도 생소한 상어예요. 이 상어는 2011년, 아프리카 대륙 남동부에 있는 모잠비크의 심해에서 발견되었어요. 아프리카난쟁이톱상어는 이름 그대로 몸길이가 0.6미터밖에 되지 않아요. 톱상어 중에 가장 작죠. 하지만 주둥이는 몸 전체의 3분의 1을 차지할 만큼 길어요!

상어 생태 정보

발견 지역: 서인도양의 해역

서식지: 육지에서 멀리 떨어진 바다의 수심 283~570m 아래

몸길이: 최대 0.6m

먹이: 새우

수명: 10년 이상

톱상어
Japanese Sawshark

학명 *Pristiophorus japonicus*

톱상어는 우리나라와 일본에 분포하고 있으며, 톱처럼 생긴 주둥이로 진흙 속을 파헤쳐 작은 동물들을 잡아먹어요. 하지만 톱상어의 긴 주둥이는 다른 물고기를 잡기 위해 쳐 놓은 어망에 쉽게 걸리기도 해요. 안타깝게도 이런 식으로 많은 톱상어가 죽게 돼요.

톱상어는 흔한 상어가 아니기 때문에 생태 정보가 아직 부족해요. 생물학자들도 현재 남아 있는 톱상어의 개체 수와 분포 범위를 정확히 알지 못해요. 그래서 지속적인 연구가 필요해요.

상어 생태 정보

- **발견 지역:** 한국과 일본 해역
- **서식지:** 대륙붕 해역의 얕은 바다
- **몸길이:** 약 1.5m
- **먹이:** 물고기, 새우, 오징어
- **수명:** 10년 이상

바하마톱상어
Bahamas Sawshark

학명 *Pristiophorus schroederi*

아메리카톱상어라고도 불리는 바하마톱상어는 바하마섬 주변과 미국 플로리다 남부의 깊은 해역에서만 살아요. 이 상어는 수심 약 400~1,000미터 깊이의 해저에서 지내요.

상어 생태 정보

- **발견 지역:** 서대서양의 열대 해역
- **서식지:** 깊은 바닷속 모래 바닥
- **몸길이:** 0.9m
- **먹이:** 물고기, 새우, 오징어
- **수명:** 10년 이상

돔발상어목
돔발상어

돔발상어는 지구상에 1억 5천 3백만 년 이상 존재해 왔어요. 시간이 흐르면서 돔발상어목에 속한 상어들은 120종 이상으로 진화했죠. 돔발상어는 5개의 아가미와 가시가 달린 2개의 등지느러미를 가지고 있어요. 아몬드 모양의 커다란 눈 위와 뒤에는 숨구멍이 있어요. 몇몇 돔발상어는 몸에 있는 발광 기관을 이용해 빛을 낼 수 있어요! 돔발상어목에는 꿀꺽상엇과, 잿빛잠상엇과, 카이트핀상엇과를 비롯한 10개의 과가 있어요. 또한 상어 중 가장 나이가 많은 상어와 가장 몸집이 작은 상어가 포함되어 있죠.

돔발상어는 바다의 포식자이지만 청소동물이기도 해요. 청소동물은 죽은 동물을 먹이로 먹는다는 것을 의미해요. 여러분은 쿠키커터상어를 알고 있나요? 이 상어는 검목상어라는 한글 이름이 있지만 쿠키커터상어로 더 잘 알려져 있어요. 쿠키커터상어는 물고기의 피부에 윗니를 꽉 꽂아서 몸을 회전해요. 그러면 더 날카로운 아랫니가 피부를 쿠키 크기로 잘라 내죠. 그래서 이렇게 특이한 이름으로 불리는 거예요.

돔발상어목에 속한 상어들은 전 세계 해양에 분포해요. 대부분 깊은 바다의 모래 바닥이나 그 주변에 살아요. 일부는 연안에서 멀리 떨어진 해저에 살죠. 랜턴상어의 경우 낮에는 해저에서 지내다가 밤에는 먹이를 먹기 위해 얕은 물까지 올라와요. 랜턴상어는 이름에서 알 수 있듯이, 몸에서 빛을 낼 수 있어요. 많은 랜턴상어종은 몸에 있는 발광 기관을 통해 빛을 내요. 그리고 천적으로부터 자신을 지키기 위해 몸의 빛을 이용하죠. 바닷속에서 발광하는 랜턴상어를 올려다보면, 수면에 비치는 빛과 섞여 랜턴상어의 모습이 아예 보이지 않게 돼요! 랜턴상어 중에서도 난쟁이랜턴상어는 세계에서 가장 작은 상어로 유명해요. 이 상어의 몸길이는 약 16센티미터로 연필 한 자루 길이와 같아요.

돔발상어는 수명이 길어요. 일부는 100년까지도 살아요. 하지만 그린란드상어에게 그 정도는 아무것도 아니에요. 그린란드상어는 대표적인 최장수 척추동물로 400년 이상 살 수 있어요!

그린란드상어
Greenland Shark

학명 *Somniosus microcephalus*

커다란 그린란드상어는 돔발상어목 잿빛잠상엇과에 속해요. 그린란드상어는 행동이 매우 느리기로 유명해요. 움직이는 데만 무려 7초가 걸릴 정도로 천천히 헤엄을 치죠. 또한 성장 속도도 정말 느려서 1년에 1센티미터씩만 자라요. 그래서 그린란드상어는 150살이 넘어야 짝짓기를 할 수 있어요. 그때 비로소 성체가 되거든요. 그린란드상어는 심해의 차가운 물을 좋아하고, 수심 3,000미터 깊이까지 헤엄칠 수 있어요. 주로 작은 물고기나 오징어를 잡아먹지만 물범, 순록 같은 대형 포유류의 사체도 먹어요.

상어 생태 정보

발견 지역
북극해와 북대서양 등 북극의 차고 깊은 바다

서식지
해저 바닥 근처

몸길이
최대 7.3m

먹이
작은 물고기, 오징어, 포유류 사체 등

수명
300~500년 이상

걸퍼상어
Gulper Shark

학명 *Centrophorus granulosus*

올리브 빛이 도는 회색 피부에 밝은 녹색 눈을 가진 걸퍼상어는 매우 신비로워 보여요. 걸퍼상어는 해저 밑바닥에서 먹이를 먹으며 살아요. 걸퍼상어의 습성은 잘 알려지지 않아서 많은 연구가 필요해요. 걸퍼상어는 현재 세계 일부 지역에서 멸종 위기종으로 분류돼요. 걸퍼상어가 멸종 위기에 놓인 이유는 간유 때문이에요. 상어의 간유(간에서 나오는 지방 기름)는 건강 보조 식품, 화장품, 반려동물 사료에 쓰여요. 그래서 많은 사람이 간유를 얻기 위해 상어를 무분별하게 포획하죠.

상어 생태 정보

발견 지역
아프리카 서부 해역과 호주 남부의 심해

먹이
작은 물고기, 오징어, 갑각류

서식지
수심 185~450m의 심해

수명
최대 25년

몸길이
1.5m

벨벳벨리랜턴상어
Velvet Belly Lanternshark

학명 *Etmopterus spinax*

벨벳벨리랜턴상어는 신비한 능력을 가지고 있어요. 영화 〈스타워즈〉의 광선검처럼 자신의 몸 일부분을 발광시켜 포식자들에게 위협을 가해요! 이 상어는 배뿐만 아니라 등지느러미에 달린 뾰족한 가시에도 발광 기관이 있어 옅은 녹색 빛을 낼 수 있어요. 물속에서 발광하는 랜턴상어를 올려다보면, 수면에 비치는 빛과 섞여 랜턴상어의 모습이 보이지 않게 되는 현상이 일어나요. 이 현상을 '카운터 일루미네이션(counter illumination)'이라고 해요. 또한 벨벳벨리랜턴상어는 몸을 뒤집어 가시로 적을 공격하기도 해요.

상어 생태 정보

발견 지역
유럽과 아프리카 서부 해역의 깊은 바다

서식지
대륙붕 해역의 수심 70~2,000m 아래 해저면

몸길이
최대 0.4m

먹이
작은 물고기, 오징어, 새우

수명
최대 20년

곱상어
Spiny Dogfish

학명 *Squalus acanthias*

'곱상어'라는 이름은 이 매력적인 상어에 대한 많은 단서를 줘요. 곱은 '기름, 지방'을 뜻하는 순우리말이에요. 곱상어는 몸에 지방질이 많아 기름상어라고도 불린답니다. 곱상어는 2개의 등지느러미를 가지고 있으며 등지느러미의 앞 가장자리에는 뾰족한 가시가 튀어나와 있어요. 이것은 돔발상어목에 속한 상어들의 공통적인 특징이에요. 곱상어는 난태생으로 12~14마리의 새끼를 낳아요. 또한 주로 무리를 지어 사냥하며, 때때로 1,000마리 정도가 떼를 지어 사냥하기도 해요!

상어 생태 정보

발견 지역
우리나라 남동해안, 일본, 중국, 인도양, 북대서양

서식지
전 세계의 온대 및 아한대 해역

몸길이
최대 1.3m

먹이
작은 물고기, 작은 상어, 문어, 오징어, 게 등

수명
최대 70년

흉상어목
흉상어

흉상어목은 상어목 중에서도 규모가 가장 커요. 여기에는 특이하게 생긴 귀상어를 포함해 다양한 크기와 모양을 가진 상어들이 270종 이상 속해 있어요. 복상어와 두톱상어는 주로 해저 바닥에서 지내요. 청새리상어, 흑기흉상어는 육지에서 멀리 떨어진 바다에서 자유롭게 헤엄치며 다니죠.

흉상어목에 속한 가장 오래된 상어를 찾기 위해서는 약 1억 4천만 년 전으로 거슬러 올라가야 해요. 이때 지구에 최초의 두톱상어가 등장했어요. 두톱상어는 고대 바다의 깊은 심해에서 살았을 거예요. 흉상어목에는 족제비상엇과, 수염개상엇과, 두톱상엇과, 흉상엇과, 귀상엇과, 까치상엇과 등이 속해 있어요.

독특한 이름의 상어들이 속해 있는 흉상어목은 어떤 특징으로 분류되는 걸까요? 흉상어목 상어들은 눈꺼풀이 있고 5개의 아가미를 가지고 있어요. 또한 가시가 없는 등지느러미 2개와 1개의 뒷지느러미를 가지고 있죠. 흉상어는 육지 근처 해역에서부터 깊은 바다까지 모든 해양 서식지에서 발견돼요. 그리고 많은 종이 바다와 강이 만나는 **강어귀**에도 살고 있어요. 갠지스강상어, 황소상어와 같은 몇몇 상어들은 강과 같은 민물 서식지에 분포해요. 또한 흉상어는 주변 온도에 따라 체온이 변하는 변온 동물이에요. 어떤 종은 몸을 따뜻하게 하기 위해 근육에서 열을 흡수하기도 해요.

흉상어목 상어들은 세 가지 방법으로 번식을 해요. 백상아리와 같은 일부 종은 난태생을 해요. 어미 상어 몸 안에서 알이 부화해 어느 정도 성장하면, 두 마리 정도의 새끼를 낳죠. 코랄캣상어는 알을 낳는 난생이며 한 번에 두 개의 알을 낳아요. 청새리상어는 태생으로 한 번에 최대 100마리의 새끼를 낳는답니다!

청새리상어
Blue Shark

학명 *Prionace glauca*

푸른 빛깔의 길고 날렵한 몸을 가진 청새리상어는 전 세계 바다에 살아요. 상어 중에서는 분포 지역이 가장 넓어요. 청새리상어는 공격적인 성향이 강해서 바닷속에서 움직이는 모든 물체를 공격해요. 가끔 보트나 사람을 공격하기도 해요. 그리고 보이는 것은 무엇이든 다 먹어 버려요. 너무 많이 먹었다 싶으면, 토한 다음 다시 먹을 수도 있어요! 현재 청새리상어는 개체 수가 급격히 줄어들어 멸종 위기종으로 분류되었어요.

상어 생태 정보

발견 지역
전 세계의 온대 및 열대 해역

서식지
육지와 먼 바다의 수심 150~350m 아래

몸길이
최대 4m

먹이
정어리 같은 작은 물고기, 오징어류, 해양 포유류 등

수명
최대 20년

홍살귀상어
Scalloped Hammerhead

학명 *Sphyrna lewini*

뚝딱뚝딱 망치 모양의 머리를 가진 홍살귀상어는 흉상어목 귀상엇과에 속해요. 귀상어와 홍살귀상어 모두 머리가 망치 모양이에요. 둘을 어떻게 구별할까요? 두 상어의 머리 가운데를 유심히 살펴보세요. 귀상어는 머리 한가운데가 볼록 튀어나와 있어요. 홍살귀상어는 반대로 머리 한가운데가 움푹 파여 있답니다. 홍살귀상어는 낮에는 해안 근처에 머물고, 밤에는 먹이를 사냥하기 위해 더 멀리 헤엄쳐 나가요. 홍살귀상어가 해안 근처에서 시간을 보낼 때 거머리나 다른 기생충들이 몸에 달라붙기도 해요. 기생충들을 없애기 위해 홍살귀상어는 산호초에 방문해요. 그러면 작은 물고기들이 홍살귀상어의 입이나 피부에 있는 기생충을 제거해 주죠! 이곳을 바로 '클리닝 스테이션(cleaning stations)'이라고 부른답니다.

상어 생태 정보

발견 지역
전 세계의 온대 및 열대 해역

서식지
대륙붕 해역을 따라 수심 200m 아래

몸길이
2.1~3.5m

먹이
작은 물고기, 뱀장어, 오징어, 가오리, 갑각류 등

수명
30년

레오파드상어
Leopard Shark

학명 *Triakis semifasciata*

레오파드상어의 몸에는 예쁜 검은 반점들이 많아요. 어쩌면 여러분은 이 상어의 이름을 본 순간 표범을 떠올렸을지도 몰라요. 레오파드상어가 속한 까치상엇과는 다른 종의 상어 무리와 함께 이동하는 것을 좋아해요. 레오파드상어는 낮에는 주로 모래 바닥에서 쉬고 밤에 활동해요. 레오파드상어의 이빨은 겹쳐지면 평평해지는데, 이러한 형태의 이빨을 '압치'라고 해요. 특히 조개나 게를 으깨는 데 유용하답니다!

상어 생태 정보

발견 지역
미국 오리건주에서부터 멕시코 마사틀란까지의 동태평양 해역

서식지
해안 근처의 얕은 수심 또는 해저 모래 바닥과 해초 지대 근처

몸길이
1.2~2m

먹이
작은 물고기, 갑각류, 물고기 알, 벌레 등

수명
최대 30년

파자마상어
Striped Catshark

학명 *Poroderma africanum*

마치 줄무늬 잠옷을 입은 듯한 무늬를 가진 이 상어는 파자마상어예요! 파자마상어는 독특한 줄무늬를 가지고 있어서 다른 상어와 구별하기 쉬워요. 주로 낮에는 암초 밑이나 굴에 숨어 있다가 밤에 사냥을 해요. 여름에는 무리 지어 다니는 경우가 많아요. 파자마상어가 가장 좋아하는 먹이는 오징어와 문어예요. 파자마상어는 야행성이지만, 오징어가 해저 바닥에 알을 낳는 시기에는 낮에도 그곳에 모여요. 그리고 오징어 알들 사이에 숨어 있다가 어미 오징어가 알을 낳으러 내려오면 기습 공격해요.

상어 생태 정보

발견 지역
대서양 남동부 남아프리카 고유종

서식지
얕은 수심의 바위 지대나 해초 지대

몸길이
최대 1m

먹이
게, 문어, 오징어, 꼴뚜기, 작은 물고기 등

수명
12~13년

악상어목
악상어

악상어목에는 지구상에서 가장 강력하기로 유명한 17종의 상어들이 속해 있어요. 역사상 가장 거대한 상어인 메갈로돈과 바다의 치타로 불리는 청상아리도 악상어목에 속해요. 청상아리는 물속에서 시속 40킬로미터에 가까운 속도를 낼 수 있어요. 또한 순간적으로 시속 100킬로미터의 속도를 내기도 해요. 이것은 고속도로를 달리는 자동차만큼이나 빠른 속도예요.

악상어목은 다시 7개의 과로 나누어져요. 악상엇과, 환도상엇과, 돌묵상엇과, 넓은주둥이상엇과, 마귀상엇과, 모래상엇과, 강남상엇과예요. 악상어목 상어들은 대부분 무시무시한 포식자이지만, 넓은주둥이상엇과와 돌묵상엇과 상어들은 **여과 섭식** 방식으로 먹이를 섭취해요. 바닷물을 통째로 마시고 아가미에 있는 갈퀴를 이용해 먹이를 걸러 먹죠.

악상어목 상어들의 이빨을 자세히 살펴볼까요? 모래뱀상어와 같이 작은 물고기를 잡아먹는 상어들은 뾰족한 이빨을 가지고 있어요. 반면에 포유류와 커다란 물고기를 사냥하는 백상아리는 커다란 이빨을 가지고 있죠. 그리고 여과 섭식을 하는 상어들은 작은 이빨을 가지고 있어요.

악상어는 5개의 아가미, 2개의 등지느러미, 1개의 뒷지느러미를 가지고 있어요. 눈꺼풀은 없으며 주둥이는 짧아요. 또한 종마다 몸의 형태가 달라요. 고등어처럼 몸이 짧고 두껍거나 뱀장어처럼 몸이 길기도 해요. 꼬리의 경우 백상아리처럼 상엽과 하엽의 크기가 같거나, 다른 상어들처럼 상엽이 하엽보다 더 길고 클 수도 있어요.

악상어목 상어들은 정온 동물이에요. 주변 온도에 상관없이 일정한 체온을 유지하며, 스스로 체온을 조절할 수 있어요. 그래서 다른 어류에 비해 더 빨리 헤엄칠 수 있고 다양한 온도 범위에 쉽게 적응할 수 있죠. 악상어목은 알을 뱃속에서 부화시켜 새끼로 출산하는 난태생의 번식 방법을 취해요. 이때 배 안에서 가장 먼저 부화한 태아는 형제들의 알을 먹으며 영양분을 얻어요. 이것은 잔인하지만 강한 새끼만 살아 남아 생존 가능성을 더 높이는 비결이기도 해요!

마귀상어
Goblin Shark

학명 *Mitsukurina owstoni*

여러분, 마귀상어를 보세요! 소름끼치는 괴물처럼 보이지 않나요? 그래서 외국에서는 고블린 상어라고 불리기도 해요. 마귀상어는 일반 상어와 생김새가 달라요. 붉은빛이 도는 피부, 날카로운 이빨로 가득한 입, 길쭉하고 뾰족한 코를 가졌죠. 마귀상어는 코에 있는 로렌치니 기관을 이용해 전기를 감지하여 먹이를 사냥해요. 다른 상어보다 로렌치니 기관이 더 많고 뛰어나서 심해에 살기 적합하죠. 또한 먹이를 잡아먹을 때는 턱이 튀어나와요. 초당 1.8미터로 빠르게 앞으로 튀어나오죠. 하지만 턱의 힘은 약한 편이에요. 마귀상어는 무시무시한 외모에 비해 성격은 온순한 편이랍니다.

상어 생태 정보

발견 지역
태평양과 대서양 일부 및 호주 주변 지역

서식지
100~1,300m 깊이의 심해

몸길이
최대 7m

먹이
작은 물고기, 조개, 게, 오징어 등

수명
최대 60년

상어들을 더 가까이

넓은주둥이상어
Megamouth Shark

학명 *Megachasma pelagios*

넓은주둥이상어는 전 세계적으로 희귀한 상어종이에요. 넓은주둥이상어의 주둥이는 둥글고 입의 크기는 최대 1.3미터 정도예요. 입에는 빛을 낼 수 있는 발광 기관이 있어요. 그래서 넓은주둥이상어의 윗입술은 하얀 립스틱을 바른 것처럼 보이기도 해요. 생물학자들은 넓은주둥이상어가 빛을 내는 입으로 플랑크톤이나 작은 물고기를 유인해 잡아먹는다고 생각해요. 넓은주둥이상어는 여과 섭식을 하는 상어종이에요. 그래서 청소기처럼 먹이를 몽땅 흡입해요. 넓은주둥이상어는 1976년, 하와이에서 처음 발견된 이후로 표본만 알려져 있어요.

상어 생태 정보

발견 지역
전 세계 바다에서 발견되지만 일본, 대만, 필리핀 근처 바다에서 자주 발견돼요.

서식지
육지에서 먼 바다의 수심 150~4,600m 아래

몸길이
4~5m

먹이
크릴새우, 플랑크톤, 해파리, 작은 물고기 등

수명
최대 100년

악상어
Salmon Shark

학명 *Lamna ditropis*

악상어는 백상아리와 비슷하게 생겼지만 백상아리에 비해 몸집이 작고, 배에 검은 반점이 있는 것이 특징이에요. 또한 물의 온도와 상관없이 일정한 체온을 유지할 수 있는 정온 동물이죠. 악상어의 영어 이름은 'salmon shark'예요. 주로 연어를 잡아먹고 살기 때문에 이러한 이름이 붙었어요. 매년 5월이 되면, 알래스카 앞바다는 연어를 잡아먹으려고 온 악상어로 붐벼요. 악상어는 자신이 태어난 캘리포니아에서부터 몇 달 동안 홀로 헤엄쳐 온 거예요!

상어 생태 정보

발견 지역
우리나라, 일본, 미국, 멕시코 등 북태평양 연안

먹이
연어, 송어, 오징어 등

서식지
온대 및 한대 바다의 수심 150m 아래

수명
20년 이상

몸길이
최대 3m

흰배환도상어
Common Thresher Shark

학명 *Alopias vulpinus*

흰배환도상어는 환도상엇과 상어 중 몸집이 가장 커요. 흰배환도상어의 이름은 조선 시대의 전통 검 '환도'를 닮아서 붙여졌어요. 환도상어는 사냥할 때 긴 꼬리를 채찍처럼 휘둘러서 먹잇감을 기절시켜요. 또한 물에서 뛰어오르기 위해 길고 강한 꼬리지느러미를 사용하죠. 어떤 종은 체조 선수처럼 빙글빙글 돌면서 6미터 높이를 뛰어오르기도 해요. 이 행동을 '브리칭(breaching)' 동작이라고 부르며 먹이를 잡는 데 도움이 돼요.

상어 생태 정보

발견 지역
전 세계의 열대 및 온대 해역

서식지
대륙붕 해역을 따라 수심 550m 아래

몸길이
최대 8m

먹이
고등어, 정어리, 청어 등
무리 지어 다니는 작은 물고기

수명
최대 50년

백상아리
Great White Shark

학명 *Carcharodon carcharias*

소설과 영화 〈죠스〉로 잘 알려진 백상아리는 바다의 최강 포식자예요. 살아 있는 상어 중 다섯 손가락 안에 꼽힐 만큼 거대하죠. 육중하고 큰 몸집 때문에 한 눈으로 봐도 강하고 위험하다고 느껴질 정도예요. 당연히 몸이 거대하고 무거우니 움직임이 느리겠죠? 천만의 말씀! 백상아리는 순간 시속 60킬로미터로 헤엄칠 수 있어요. 또한 강력한 턱과 이빨을 사용해 먹잇감을 손쉽게 토막낼 수도 있죠. 그래서 모든 해양 생물을 잡아먹어요.

하지만 무시무시한 백상아리에게도 천적이 있어요. 바로 무리 지어 지능적인 전술을 펼치는 범고래예요.

백상아리는 영화에서처럼 실제로 식인 상어일까요? 아니에요! 백상아리는 사람 피에는 일절 반응하지 않는다고 해요.

상어 생태 정보

발견 지역
전 세계의 열대 및 온대 해역

서식지
연안과 육지에서 먼 바다의
수심 5,000m 깊이까지

몸길이
최대 6m

먹이
바다표범, 바다사자, 고래류, 오징어 등

수명
약 70년

신락상어목

신락상어목 상어와 주름상어

이제 고대 상어의 모습을 간직한 상어들을 만나 볼까요? 신락상어목에 속한 상어들은 원시적인 상어의 형태를 유지하고 있어요. 가장 오래된 종의 화석은 쥐라기 때 발견되었을 정도죠. 신락상어목에는 칠성상어, 여섯줄아가미상어, 주름상어 등이 속해 있어요. 이 상어들은 다른 상어와 달리 6~7쌍의 아가미와 1개의 등지느러미를 가지고 있어요. 특히 주름상어는 신락상어목에 속한 상어들과도 매우 다르게 생겼어요. 주름상어는 8천만 년 전부터 생존해 왔으며, 생김새가 선사 시대 상어들과 닮아서 '살아 있는 화석'이라고 불리기도 해요. 왜 이름이 주름상어일까요? 상어의 아가미 모양이 마치 프릴 장식 같아서 우리나라에서는 주름상어라고 부르는 거예요. 주름상어는 육지에서 먼 바다에 살며, 때때로 최대 1,600미터가 넘는 깊은 수심에서 지내기도 해요. 또한 뱀장어처럼 생긴 길쭉한 몸을 가졌고, 입 속에는 얇고 날카로운 이빨이 300개나 있답니다.

신락상어목 상어들은 두꺼운 몸과 유달리 큰 눈을 가지고 있어요. 또한 대부분의 시간을 심해에서 보내며, 먹이를 구하거나 번식하기 위해 얕은 물로 이동하기도 해요. 일부 상어종은 2,000미터에 달하는 심해에 살고 있어 잠수정을 동원해야만 발견할 수 있어요. 신락상어는 한 번에 많은 새끼를 낳아요. 칠성상어는 한 번에 100마리 이상의 새끼를 낳기도 해요!

칠성상어
Broadnose Sevengill Shark

학명 *Notorynchus cepedianus*

칠성상어는 넓고 둥근 주둥이와 청회색의 두꺼운 몸통을 가지고 있어요. 주둥이와 등을 따라 1개의 작은 등지느러미가 있고, 몸에는 붉은빛이 도는 갈색 반점들이 흩어져 있어요. 칠성상어는 먹잇감을 발견하면 집요하게 쫓아다니기로 유명해요. 먹잇감이 잠시 방심하면, 그 틈을 놓치지 않고 조용히 다가가 급습하죠. 칠성상어는 다른 상어, 물개, 돌고래 등을 잡아먹으며 사람에게도 매우 공격적이에요.

상어 생태 정보

발견 지역
한국, 일본, 중국해, 인도양, 지중해

서식지
연안의 얕은 모래 바닥과 해초 지대 근처

몸길이
3m

먹이
칠성장어, 문어, 연어, 작은 상어, 물개 등

수명
30~50년

뭉툭코여섯줄아가미상어
Bluntnose Sixgill Shark

학명 *Hexanchus griseus*

여섯줄아가미상어는 공룡이 처음 나타난 시기인 2억 3천만 년 전 보다 이른 2억 5천만 년 전부터 지구에 서식해 왔어요. 멸종되지 않고 여전히 현존한다는 의미에서 '살아 있는 화석'이라고 불리죠. 현재 여섯줄아가미상어속에는 총 2종이 존재해요. 뭉툭코여섯줄아가미상어는 등지느러미가 없고 눈이 유달리 큰 것이 특징이에요. 또한 신락상어목에서 크기가 가장 커요. 이 비밀스럽고 희귀한 상어는 대부분의 시간을 수심 2,000미터 이상의 심해에서 보내요. 가끔 남아프리카 잠수부들은 먹이를 먹기 위해 얕은 물로 올라온 뭉툭코여섯줄아가미상어를 발견하기도 해요.

상어 생태 정보

발견 지역
전 세계의 열대 및 온대 해역

서식지
수심 2,000m 이상의 심해

몸길이
4.8m

먹이
작은 상어를 포함해 모든 어류, 갑각류, 작은 포유류 등

수명
80년

꼬리기름상어
Sharpnose Sevengill

학명 *Heptranchias perlo*

꼬리기름상어는 가늘고 긴 주둥이와 7개의 아가미를 가지고 있어요. 특히 형광빛을 내는 큰 눈은 어두운 물속에서 녹색으로 반짝여요. 꼬리기름상어는 주로 입을 벌리고 헤엄치기 때문에 마치 미소를 짓고 있는 것처럼 보이기도 해요! 이 상어는 연안의 얕은 수심에서부터 1,000미터에 달하는 심해까지 서식해요. 난태생 방식으로 번식하며 한 번에 9~12마리의 새끼를 낳아요.

상어 생태 정보

발견 지역
북태평양을 제외한 전 세계의
열대 및 온대 해역

서식지
수심 200~1,000m에 이르는 심해

몸길이
최대 2m

먹이
작은 상어, 가오리, 게, 바닷가재, 오징어 등

수명
50년

큰눈여섯줄아가미상어
Bigeyed Sixgill Shark

학명 *Hexanchus nakamurai*

큰눈여섯줄아가미상어는 앞에서 나온 뭉툭코여섯줄아가미상어와 같은 속에 속해요. 이 상어는 심해 상어로 원시 상어의 형태를 유지하고 있어요. 몸 색상은 회색에서 갈색을 띠고, 주둥이는 뾰족한 것이 특징이에요. 일부 생물학자들은 큰눈여섯줄아가미상어의 눈이 유달리 크고 빛나기 때문에 심해에서도 방향을 잘 감지할 수 있다고 추측해요. 큰눈여섯줄아가미상어는 전 세계 해양에서 발견돼요. 잠수정을 이용해야만 볼 수 있는 깊은 심해에 살지요. 그래서 생태 정보에 관해 더 많은 연구가 필요해요.

상어 생태 정보

발견 지역
전 세계 해역

서식지
수심 90~2,000m에 이르는 심해

몸길이
1.5~1.8m

먹이
작은 물고기, 게 등

수명
50년 이상

수염상어목
카펫상어

수염상어목 상어들은 영어로 카펫상어(carpet shark)라고 불러요. 여러분은 카펫상어라는 이름을 들으면 무엇이 떠오르나요? 납작하게 생긴 상어인가? 몸에 털이 덥수룩하게 나 있는 상어인가? 등 다양한 생각을 할 거예요. 이 상어들은 콧구멍과 입 사이에 한 쌍의 긴 수염이 있고, 카펫처럼 몸에 화려한 무늬를 가지고 있어요. 그래서 이렇게 독특한 이름을 얻게 된 거예요.

수염상어목은 43종으로 이루어져 있어요. 현재 살아 있는 어류 중 가장 큰 생물인 고래상어도 여기에 포함돼요. 그리고 대서양수염상어, 얼룩상어, 워베공상어, 칼라드카펫상어, 장님상어 등이 속해 있죠. 수염상어목 상어들은 공룡보다 훨씬 오래 전부터 지구 곳곳을 누비며 생존해 왔어요. 이 상어들은 서로 매우 다르게 생겼지만 몇 가지 공통점을 가지고 있어요. 모든 수염상어목은 아가미 5개, 등지느러미 2개, 뒷지느러미 1개를 가지고 있어요. 또한 꼬리지느러미는 몸통과 거의 일직선으로 있으며, 하엽이 작은 것이 특징이에요. 또한 수염상어는 영리한 매복 사냥꾼이에요! 산호초나 모래 바닥에 몸을 숨기고 엎드려 있다가 지나가는 물고기를 기습 공격해서 잡아먹는답니다!

계속 헤엄을 쳐야만 호흡이 가능한 다른 상어들과 다르게, 일부 수염상어목 상어들은 모래 바닥에 정지 상태로 있어도 호흡이 가능해요. 많은 종이 인도양과 태평양의 열대 수역에 살지만, 쌍을 이뤄 대서양과 태평양을 왔다 갔다 하기도 해요. 또한 얕은 바다의 모래 바닥에 붙어 있는 것을 좋아하며, 움직임이 느리고 공격성이 낮아요. 수염상어는 낮에는 바위 틈이나 굴에 숨어 있다가 밤이 되면 활발하게 활동해요.

고래상어
Whale Shark

학명 *Rhincodon typus*

여러분 세상에서 가장 큰 물고기는 무엇일까요? 바로 고래상어예요! 고래상어는 수염상어목 고래상엇과에 속하는 유일한 종이에요. 머리가 넓고 납작하며 커다란 입을 가지고 있어요. 그리고 몸에는 단단하고 긴 융기선이 있는데, 이 선은 다른 상어와 고래상어를 구분할 수 있는 특징이에요. 고래상어는 거대한 몸집에 비해 작은 무척추동물인 크릴새우나 플랑크톤을 잡아먹어요. 수면 가까이에서 입을 벌려 진공청소기처럼 물을 빨아들이고, 작은 물고기와 갑각류를 걸러서 먹어요.

고래상어는 정말 거대하지만 인간에게 해를 끼치지 않아요. 워낙 온순하고 점잖아서 바다에서 수영하는 사람들이 인사를 건네도 신경 쓰지 않죠. 하지만 현재는 멸종 위기 우려종으로 등재되어 있어요. 고래상어가 보호받을 수 있도록 모두의 관심과 노력이 필요해요.

상어 생태 정보

발견 지역
전 세계의 온대 및 열대 해역

서식지
육지에서 먼 바다의 깊고 얕은 수심

몸길이
12~18m

먹이
플랑크톤, 크릴새우, 물고기 알, 새우 등

수명
최대 100년

에퍼렛상어
Epaulette Shark

학명 *Hemiscyllium ocellatum*

육지를 걸어 다니는 놀라운 능력을 가진 상어를 만나 볼까요? 에퍼렛상어는 암초에 만들어진 웅덩이에 서식해요. 그리고 노처럼 생긴 4개의 지느러미와 가슴을 이용해 물 밖에서 돌아다닐 수 있어요. 기존에 에퍼렛상어는 물 밖에서 1시간 정도 생존할 수 있었지만 현재는 최대 2시간 정도 육지를 걸어 다녀요. 걸어 다니면서 암초 주변에 있는 게, 새우, 작은 물고기 등을 잡아먹죠. 심지어 썰물 때는 몸을 들어 올려 다른 웅덩이를 찾아 이동하기도 해요. 생물학자들은 최근 기후 변화로 서식지가 척박해지면서 에퍼렛상어의 이동 능력도 진화한 것으로 추측해요. 에퍼렛상어는 다른 종은 갈 수 없는 더 좋은 환경에 도달하기 위해 육지를 걷는 능력을 가진 거예요!

상어 생태 정보

발견 지역
호주 북부와 파푸아 뉴기니 남부 해역

먹이
작은 물고기, 갑각류, 연체동물

서식지
주로 얕은 물과 산호초 지대
(수심 50m 아래에서도 발견돼요.)

수명
20~25년

몸길이
1m

워베공상어
Tasselled Wobbegong

학명 *Eucrossorhinus dasypogon*

독특한 외모를 가진 워베공상어는 해저면에 붙어 사는 상어예요. '워베공'은 호주 원주민 언어로 덥수룩한 턱수염이라는 의미예요. 그래서 상어의 머리 앞 쪽에는 수염처럼 생긴 돌기들이 촘촘히 나 있죠. 대부분의 상어가 날렵한 몸에 빠른 이동 속도를 뽐내는 반면, 워베공상어는 산호초 또는 모래 바닥에 보호색으로 몸을 숨기고 가만히 엎드려 있어요. 이때 물고기가 경계심을 풀고 다가오면 기습 공격해서 잡아먹죠. 또한 작은 물고기가 움직이는 것처럼 꼬리지느러미를 살랑살랑 흔들어 다른 물고기를 유인하기도 해요.

상어 생태 정보

발견 지역
인도네시아 동부, 파푸아뉴기니, 호주 북부 해역

먹이
작은 물고기, 갑각류, 무척추동물 등

서식지
얕은 수심의 산호초 지대 또는 모래 바닥

수명
약 26년

몸길이
최대 1.8m

대서양수염상어
Nurse Shark

학명 *Ginglymostoma cirratum*

대서양수염상어는 해저면에 붙어 살며 움직임이 느리고, 다른 상어에 비해 공격성이 낮아요. 특히 무리 지어 함께 있는 것을 정말 좋아해서 밤에는 굴 속에서 옹기종기 모여 지내요. 또한 계속 헤엄을 쳐야만 호흡이 가능한 다른 상어들과 달리, 대서양수염상어는 모래 바닥에 정지 상태로 있어도 입과 아가미를 사용해 호흡할 수 있어요. 앞에서 보았던 에퍼렛상어를 기억하나요? 대서양수염상어도 물속을 걸을 수 있는 놀라운 능력을 가지고 있어요! 대부분의 상어는 가슴 근육을 사용하지 않지만, 대서양수염상어는 가슴지느러미를 사용해 해저면을 걷기도 해요.

상어 생태 정보

발견 지역
전 세계의 열대 및 아열대 해역

먹이
작은 물고기, 성게, 게, 조개 등

서식지
얕은 바다의 산호초 지대 또는 모래 바닥

수명
15~20년

몸길이
최대 4.5m

제브라상어
Zebra Shark

학명 *Stegostoma fasciatum*

제브라상어는 새끼 때 몸 전체에 검고 흰 줄무늬가 있어요. 이 무늬가 얼룩말을 닮았다 하여 제브라상어라고 불리죠. 하지만 상어가 다 크면, 줄무늬는 없어지고 갈색 점들만 남아요. 제브라상어는 낮에는 보통 해저면에서 쉬거나 암초에 기대어 있어요. 그리고 밤이 되면, 매끄러운 몸을 이용해 좁은 바위 틈을 비집고 들어가 작은 물고기를 사냥하죠. 제브라상어는 입이 작지만 뺨 근육이 발달됐어요. 그래서 입을 벌린 순간, 강한 힘으로 먹이를 빨아들일 수 있죠. 하지만 현재 제브라상어는 멸종 위기종에 속해 있어요. 프랑스 국립 해양 생물 센터는 제브라상어 보존 프로그램을 통해 제브라상어 개체 수를 유지하기 위해 노력하고 있답니다.

상어 생태 정보

발견 지역
인도양~태평양 해역

서식지
해저면 또는 암초 지대

몸길이
최대 2.5m

먹이
작은 물고기, 갑각류, 연체동물 등

수명
25~30년

괭이상어목
괭이상어

원통형 몸, 가시가 달린 등지느러미, 넓은 머리, 짧고 뭉툭한 주둥이를 가진 상어는 무엇일까요? 바로 괭이상어예요! 괭이상어목에는 9종의 상어들이 속해 있어요. 이 상어들은 전 세계의 열대 및 아열대 해역의 얕은 물에서 서식해요. 그리고 산호초와 바위 암초 또는 다시마숲에 머무는 것을 좋아하죠. 괭이상어목 상어들은 약 2억 년 전부터 바다에 등장하기 시작했어요.

괭이상어의 가장 흥미로운 특징에 대해 이야기해 볼게요. 이 상어는 정말 다양한 별명을 가지고 있어요. 돼지같이 생긴 머리 때문에 '돼지상어'라고 불리기도 하고, 납작한 코에 찌그러진 얼굴 때문에 '불독상어'라고 부르기도 해요. 괭이상어의 이빨을 살펴보면, 앞니는 날카롭고 안쪽 이는 어금니처럼 납작해요. 납작한 이빨은 조개와 게를 잡아먹을 때 요긴하게 사용해요. 괭이상어의 이름에서 '괭이'는 땅을 파거나 흙을 고르는 데 쓰는 농기구를 뜻해요. 아마 괭이상어가 먹이를 찾을 때 모래 바닥을 잘 파헤치기 때문에 이러한 이름이 붙었을 거예요!

괭이상어는 주로 수심 90미터 정도의 얕은 물에 서식해요. 낮에는 바위 틈이나 모래 바닥에 무리를 지어 모여 있고, 밤이 되면 활발하게 먹이 활동을 펼쳐요. 괭이상어의 몸에는 독특하고 알록달록한 점과 줄무늬가 있어요. 괭이상어는 몸의 무늬를 보호색으로 위장해 칠성상어나 바다사자와 같은 포식자로부터 스스로를 보호해요.

괭이상어목은 알을 낳아요. 알은 나선형 모양이에요. 두꺼운 나사처럼 보이기도 하죠. 어미 상어는 해조류나 바위 틈 사이에 알을 낳아요. 알은 그곳에 단단히 고정되어 있기 때문에 그 어떤 포식자도 알을 빼낼 수 없답니다.

포트잭슨상어
Port Jackson Shark

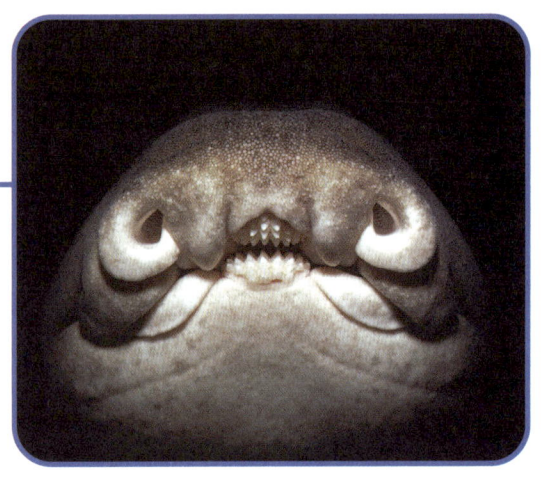

학명 *Heterodontus portusjacksoni*

개성 넘치는 외모의 소유자, 포트잭슨상어를 소개할게요! 이 상어는 바위나 굴을 깨뜨려 자신만의 은신처를 만들어요. 낮에는 은신처에서 지내고 밤이 되면 먹이 사냥에 나서죠. 다른 상어들과 다르게 포트잭슨상어는 먹이를 먹으면서 동시에 숨을 쉴 수 있어요. 먹이를 먹을 때는 강하고 납작한 안쪽 이를 사용해 딱딱한 껍질을 으깨요. 포트잭슨상어는 기억력과 위치 감각이 정말 뛰어나서 매년 같은 장소에 알을 낳아요.

상어 생태 정보

발견 지역
호주 남부 해안 주변의 온대 해역

먹이
작은 물고기, 게, 연체동물

서식지
얕은 수심의 암초와 해초 주변

수명
30년

몸길이
1.6m

뿔괭이상어
Pacific Horn Shark

학명 *Heterodontus francisci*

괭이상어목 상어들은 헤엄치는 것보다 바닥을 기어다니는 걸 더 선호해요. 뿔괭이상어는 보통 수심 10미터 정도에서 자주 발견되며, 겨울에는 30미터 이상의 깊은 물로 이동해요. 흥미롭게도 이 상어는 나이에 따라 서식하는 장소가 달라요. 어릴 때는 수심 150미터 깊이의 모래 바닥에서 주로 지내요. 나이가 들면서 점점 더 얕은 서식지로 이동하죠. 뿔괭이상어는 납작한 안쪽 이빨을 사용해 갑각류를 으깨 먹는 것을 좋아해요. 주로 문어와 게를 사냥하고, 특히 가시가 있는 성게를 좋아해요. 가끔 성게를 너무 많이 먹어서 상어의 이빨이 갈색으로 변하기도 한답니다!

상어 생태 정보

발견 지역
동태평양의 온대 및 아열대 해역과 캘리포니아만

서식지
수심 10m 아래의 다시마숲 또는 모래 바닥

몸길이
1.2m

먹이
성게, 문어, 게, 연체동물, 갑각류

수명
25년

삿징이상어
Zebra Bullhead

학명 *Heterodontus zebra*

삿징이상어는 회백색 또는 황갈색 몸에 짙은 갈색 줄무늬가 나 있는 것이 특징이에요. 삿징이상어는 괭이상어와 비슷하게 생겼지만, 등지느러미와 배지느러미에 크고 단단한 가시가 있어요. 보통 모래나 갯벌 바닥에 가라앉아 있으면서 소라, 고둥, 성게 등을 잡아먹죠. 삿징이상어는 단단한 이빨로 갑각류나 패류를 으깨 그 속살을 먹는 걸 좋아해요!

상어 생태 정보

발견 지역
한국, 일본, 중국, 인도네시아, 호주 등의 얕은 바다

서식지
수심 90m 아래의 모래 바닥

몸길이
최대 1.2m

먹이
작은 물고기, 소라, 고둥, 성게, 갑각류 등

수명
25~30년

갈라파고스쾡이상어
Galápagos Bullhead Shark

학명 *Heterodontus quoyi*

갈라파고스쾡이상어의 몸에는 짙은 갈색 반점들이 얼룩덜룩 덮여 있어요. 심지어 지느러미에도 점이 있어요! 이 상어는 차가운 물을 좋아하며, 수심 40미터 깊이의 바위와 산호초 주변에 서식해요. 갈라파고스쾡이상어의 눈 모양은 고양이 눈처럼 오묘하게 생겼어요. 그래서 가끔 '고양이상어'라고 불리기도 해요. 또한 성격이 온순해 공격적이지 않으며 수영은 잘 못하는 편이에요.

상어 생태 정보

발견 지역
동태평양 및 갈라파고스 제도

서식지
수심 40m 깊이의 바위와 산호초 주변

몸길이
1m

먹이
조개, 게, 무척추동물, 연체동물

수명
20년 이상

괭이상어
Japanese Bullhead Shark

학명 *Heterodontus japonicus*

괭이상어를 보세요! 몸을 덮고 있는 갈색 줄무늬가 독특하면서도 아름답지 않나요? 괭이상어는 수심 40미터 깊이의 바위와 해초 지대에 서식해요. 강하고 단단한 가슴지느러미와 배지느러미를 번갈아 저으며 해저면을 천천히 헤엄치죠. 괭이상어는 난생을 해요. 어미 상어들은 하나의 둥지에 같이 알을 낳기도 해요. 그리고 함께 포식자로부터 둥지를 지키죠. 알은 부화하기까지 약 1년이 걸려요. 괭이상어는 생김새가 기이해서 난폭해 보이지만 성격은 매우 온순하답니다.

상어 생태 정보

발견 지역
한국, 일본 남부, 타이완, 아프리카 동부해, 동중국해

서식지
수심 6~40m 아래의 바위 지대 또는 다시마숲

몸길이
최대 1.2m

먹이
작은 물고기, 갑각류, 연체동물 등

수명
12~25년

백상아리

맺는말

상어 이야기 어땠나요? 흥미가 생기지 않나요? 저는 여러분이 이 책을 통해 상어에 대해 흥미를 느낄 수 있다면 좋겠어요. 상어와 다른 어류가 어떻게 다른지, 상어는 어떤 방법으로 번식하는지 등 상어에 관해 배운 것을 잘 기억했으면 해요. 또한 상어를 비롯한 바닷속 생물에 관해 계속해서 탐구하고 배우기를 바랍니다. 상어는 수억 년 동안 생존해 왔지만, 지금은 위험에 처해 있어요. 영원히 사라질 멸종 위기에 처한 종들도 있어요. 상어뿐만 아니라 기후 변화, 환경 오염, 무분별한 포획 등으로 생명을 위협받는 해양 생물이 많아요. 만약 바다에서 상어를 보게 되더라도 무서워하지 마세요! 상어의 해양 서식지가 아직 건강하다는 신호랍니다.

  위험에 처한 해양 생물들을 돕기 위해 우리는 무엇을 할 수 있을까요? 먼저 집에서는 한 번 쓰고 버리는 플라스틱 대신 재사용 가능한 용기나 병을 사용하도록 노력하세요. 플라스틱으로 바다와 많은 해양 동물이 다치고 있으니까요. 바다 쓰레기를 줄이기 위해 해안가 주변을 청소하는 활동은 어떨까요? 전 세계의 멸종 위기 생물을 많이 알리는 일도 좋겠어요. 상어는 바다의 포식자인 동시에 바다 생태계를 꾸리는 아주 중요한 일을 하고 있어요. 따라서 상어를 지키기 위해 꾸준히 관심을 가져야 해요. 상어, 바다, 생물을 소중히 여기는 사람으로 자라길 바랍니다.

더 알아보기

책

《자연 다큐 백과: 상어》
루스 A, 무스그레이브, 데이비드 두빌레, 제니퍼 헤이즈 지음
이 책은 상어의 종류와 생김새, 생태적 특징, 뛰어난 감각을 자세히 소개해요. 뿐만 아니라 번식 방법, 몸의 구조 등 초등 과학 교과 과정과 연계된 부분이 많아서 학습에 유익해요.

《위험한데 멋있어 바닷속 상어》
가즈네 지음
60여 종의 바닷속 상어 정보를 가득 담은 책이에요. 상어에 관해 알아 두면 좋은 기초 상식은 물론이고, 역사 속 상어에 관한 사건 등 흥미로운 이야기도 함께 있어요. 어린이 독자의 호기심과 탐구심을 키워 줄 거예요.

《빅 지식 상어백과》
씨엘 지음
다양한 상어종에 관한 정보를 생생한 그림으로 설명하는 책이에요. 상어가 사는 곳, 크기, 먹이 등을 자세히 알 수 있답니다.

환경 보호 단체

Oceana.org
바다를 풍부하고 건강하게 만드는 것을 추구하는 비영리 환경 보호 단체예요.

Sharkstewards.org
환경 오염, 무분별한 포획 등으로부터 멸종 위기 상어와 가오리를 구하고, 해양 보호 구역 설정을 통한 해양 생태계 보호를 목적으로 하는 환경 보호 단체예요.

라이브 캠

몬터레이 베이 수족관
Montereybayaquarium.org

퍼시픽 수족관
Aquariumofpacific.org

웹사이트

FLORIDA MUSEUM
Floridamuseum.ufl.edu/discover-fish
사이트를 방문해 보세요. 다양한 해양 생물의 생태 정보와 해부 사진, 관련된 재미있는 이야기, 현재 이루어지고 있는 연구와 보전에 관한 정보 등 모든 것을 알 수 있어요.

REEFQUEST CENTRE FOR SHARK RESEARCH
Elasmo-research.org
과학 연구와 교육 프로그램을 통해 상어를 연구하고 보존하는 기관의 웹사이트예요. 이 사이트에는 상어에 관한 다양한 연구 자료와 교육 자료가 풍부해요. 여러 관점에서 연구된 상어의 정보가 궁금하다면, 방문해 보세요. 상어에 관해 더 자세히 배울 수 있어요.

MONTEREY BAY AQUARIUM
Montereybayaquarium.org
몬터레이 베이 수족관은 웹사이트를 통해 라이브 캠 서비스를 무료로 제공하고 있어요. 여러분은 상어부터 해달, 해파리, 펭귄, 조류까지 관찰할 수 있답니다.

용어 풀이

강어귀
강과 바다가 만나는 곳.

대륙붕
대륙 주변에 있는 완만한 경사의 해저.

로렌치니 기관
수온, 수압의 변화와 주변 물고기의 미세한 전기 신호까지 감지하는 특수한 신체 기관.

매복 포식
먹잇감이 범위 내에 들어올 때까지 조용히 기다렸다가 가까이 오면 공격하는 사냥 방법.

멸종 위기
생물의 개체 수가 매우 적어 보호하지 않으면 완전히 없어지는 것.

무척추동물
지렁이, 연체동물, 해파리, 불가사리 등과 같은 등뼈가 없는 동물.

바벨
상어의 입 앞쪽 또는 코나 턱에 달린 수염.
* 먹잇감의 움직임을 감지해요.

분류법
생물들이 공통적으로 가지고 있는 특성을 사용하여 그룹화하는 과학적 시스템.

서식지
생물이 자리를 잡고 사는 곳.

순막
일부 파충류, 조류, 상어의 눈을 보호하는 반투명한 막.
* 눈의 수분을 유지하고 앞을 볼 수 있게 해 줘요.

숨구멍
상어의 눈 바로 뒤에 있는 한 쌍의 구멍.
* 숨구멍은 상어가 쉬는 동안에도 숨을 쉴 수 있도록 해 줘요.

여과 섭식
바닷물을 통째로 마신 후 먹이를 걸러서 섭취하는 방식.

연골어류
뼈가 아닌 연골로 만들어진 골격을 가진 물고기.

연체동물
달팽이, 민달팽이, 홍합, 문어와 같은 연하고 무른 몸을 가진 무척추동물.
* 주로 석회질의 껍질을 가지고 있어요.

열대
1년 내내 평균 기온이 20℃ 이상인 매우 따뜻한 지역.

온대
열대와 한대 사이의 지역.
* 기후가 따뜻하고 강수량도 적당해서 여름과 겨울의 구별이 뚜렷해요.

이주
먹이 또는 번식을 위해 한 지역에서 다른 지역으로 이동하는 것.

저서성
해저 바닥에 서식하는 특성.

전류 감지 능력
전기 신호를 감지하는 능력.

종
생물을 분류하는 기초 단위.

진화
각각의 생물 종이 여러 세대를 거치며 발전하고 변화하는 것.

측선
상어의 몸통 옆에 있는 감각 기관.
* 바닷물의 흐름, 미세한 진동, 압력의 변화를 인식할 수 있어요.

페로몬
동물이 같은 종의 다른 동물들과 소통하기 위해 만드는 화학 물질.

포식자
다른 동물을 먹이로 하는 동물.

피치
상어의 피부를 덮고 있는 단단하게 겹쳐진 비늘.
* 상어가 헤엄칠 때 물의 저항을 줄여줘요.

화석
선사 시대에 살았던 생물의 일부와 흔적이 그대로 보존되어 남아 있는 것.

찾아보기

ㄱ

간유 50
갈라파고스괭이상어 79
갠지스상어 53
걸퍼상어 50
고래상어 7, 10, 30, 34, 36, 69, 70
곱상어 10, 13, 25, 30, 52
괭이상어 22, 75, 78, 80
귀상어 20, 22, 23, 28, 53, 55
그린란드상어 25, 30, 48, 49
긴장성 부동 22
긴코톱상어 45
꼬리기름상어 67

ㄴ

난생 24, 25, 53, 80
난쟁이랜턴상어 10, 12, 48
난태생 24, 44, 52, 53, 58, 67
넓은주둥이상어 13, 32, 58, 60

ㄷ

대서양수염상어 69, 73
돌리오두스 프로블레마티쿠스 11
돔발상어 7, 13, 32, 48, 49, 52

ㄹ

레몬상어 21
레오파드상어 27, 56
로렌치니 기관 17, 22, 23, 59

ㅁ

마귀상어 9, 20, 29, 30, 58, 59
매복 31, 40, 42, 69
메갈로돈 11, 12, 58
멸종 11, 12, 35, 44, 50, 54, 66, 70, 74
모래뱀상어 10, 58
뭉툭코여섯줄아가미상어 66, 68
미뢰 32

ㅂ

바벨 22
바하마톱상어 47
백상아리 10, 12, 16, 17, 22, 29, 31, 53, 58, 61, 63
뱀상어 22, 24, 30
벨벳벨리랜턴상어 51
복상어 28, 53
부레 34
뿔괭이상어 13, 77

ㅅ

산호상어 27, 28
삿징이상어 78
상엽 19, 40, 58
수염상어 13, 69, 70
순막 17
숨구멍 16, 17, 48
스테타칸투스 11
신락상어 13, 64, 66

ㅇ

아가미 10, 16, 17, 21, 30, 42, 44, 46, 48, 53, 58, 64, 67, 69, 72, 73
아가미덮개 42
아프리카난쟁이톱상어 46
악상어 13, 58, 61
암초상어 8
야행성 40, 57
얼룩상어 13, 69
에퍼렛상어 71, 73
여과 섭식 58, 60
여섯아가미톱상어 44, 46
연골어류 10
워베공상어 69, 72
이빨 7, 11, 16~18, 22, 24, 25, 28, 30, 32, 40, 44, 46, 56, 58, 59, 63, 64, 75, 77, 78

ㅈ

저서성 40
전류 감지 20, 22, 23
전자리상어 13, 22, 32, 40, 42
제브라상어 74
주둥이 16, 17, 22, 30, 44, 46, 47, 58, 65, 67, 68, 75
주름상어 32, 64
지중해전자리상어 13, 41

ㅊ

청상아리 20, 30, 35, 58
청새리상어 13, 25, 35, 53, 54
측선 21
칠성상어 13, 27, 64, 65

ㅋ

카르차로돈 카르차리아스 12
카이트핀상어 32, 48
카펫상어 69
코랄캣상어 53
쿠키커터상어 10, 48
큰눈여섯줄아가미상어 68
큰지느러미흉상어 33
클라도셀라케 11

ㅌ
태생 24, 25, 53
태평양전자리상어 43
톱가오리 44
톱상어 13, 24, 44, 46, 47

ㅍ
파자마상어 57
포트잭슨상어 20, 76
피치 18

ㅎ
하엽 19, 40, 58, 69
헬리코프리온 11
호주전자리상어 42
홍살귀상어 55
화석 11, 12, 64, 66
환도상어 19, 58, 62
휘판 37
흉상어 13, 53, 55
흑기흉상어 25~27, 53
흰배환도상어 62